89歳、ひとり暮らし。

お金がなくても幸せな日々の作りかた

大崎博子

JN066874

宝島社
文庫

宝島社

※文中の「ツイッター」は2023年11月現在、「X」となっています。

はじめに

昭和7年（1932）生まれ、89歳のりっぱな「高貴香麗者《こうきこうれいしゃ》」です。趣味は散歩と太極拳と麻雀《マージャン》で、BTS（ビーティーエス／韓国の7人組男性ヒップホップグループ）と韓国ドラマとお酒が大好きです。毎日、晩酌を欠かしません。

こんなごく普通のおばあさんの人生が劇的に変わったのは、78歳でMac（マック／米国アップル社のパーソナルコンピューターの製品シリーズ名）と出会い、震災後にTwitter（ツイッター／140文字のメッセージで成り立つネットワーク）を本格的に始めてからです。

「面白いからやってみれば？」と娘に教えてもらったツイッターですが、最初は何が何だかわかりませんでした。フォロワーは友達ひとりで、その方に向けて何かつぶやいたところで、何が変わるわけでもほかの誰かが「いいね！」を押してくれるわけでもありません。

そんなある日、あの東日本大震災が起きたのです。

電話も何もかもつながらないなかで、唯一つながったのがこのツイッター。無事、娘とも連絡が取れて、あらためてツイッターを見直すきっかけとなりました。

当時取り沙汰されていた、地震に伴った原発事故。真実も何も知らされず、不安と疑問だけがふつふつと湧き起こり、その気持ちをストレートにツイッターに書いてみたのもこのタイミングです。するとどうでしょう。フォロワーがあっという間に増えていきました。このツイートをネットニュースに取り上げられたのも大きかったと思います。

そこで初めて、ツイッターの面白さを体感しました。

顔も名前も知らない、年齢も職業も異なる人たちと自由に交流できるということ、それは70代の私にとって、とても画期的なことだったのです。

その年の敗戦記念日には戦争体験をツイートし、フォロワーはさらに増えていきました。

ごく普通に生きてきたおばあさんのつぶやきを、聞いてくれる人が世界中にいる。

これはとても嬉《うれ》しいことです。生きる活力になります。

今では毎日、その日のたわいもないことをツイートしたり、公園に咲く花の画像をアップしたりしています。

Ｍａｃに出会う前、私はとても大きな病気を経験しました。そこで改めて健康というものを見直し、大きな公園のある地への引っ越しを機にウオーキングを始めました。

公園までの往復と、公園内の散歩。そして日々のお買い物などで１日約８０００歩になります。そこで雨の日以外は、この〝１日８０００

歩〟を自分に課してみたのです。

といっても、決してストイックな感じではありません。あくまでもゆるく、です。高貴香麗者ですので、無理は禁物です。

散歩をしているうちに、ひざの痛みが取れて、体はみるみるうちに健康になっていきました。そしてある日、公園内で太極拳をやっていることを知り、そちらへも参加してみたところ、さらに体がパワーアップ！友達もできて、ひとりぼっちだった散歩が、太極拳の仲間たちとわいわい歩くものへと変わっていったのです。

もちろん友達はみなさん、年下です。でも若い方たちとの交流は〝若返り〟にはもってこい。同じ歩調で歩き、フレッシュな情報交換をすることで毎日元気をもらっています。

「麻雀の会」の存在を知ったのも、散歩友達に教えてもらったから。昔大好きだった麻雀を、まさか83歳で再開することになるとは（笑）。

さらには「本を出しませんか」と、これまたびっくりするようなオフアーをいただいて。

人生、本当に何があるかわかりません。

実際、私だってこんな老後が待っていたなんて、若い頃は思いもしませんでした。

苦労もしましたし、病気もいろいろ患《わずら》いました。悩みごとをたくさん抱え、悶々《もんもん》としたまま長いトンネルから抜け出せなかった時期もあります。

でも今はこんなに幸せです。

特別なことは何一つしていません。ただただ流れに身を任せ、前向きに生きてきただけです。その結果、財産がたくさんあるわけではないけれど、愛する家族は元気でいてくれて、私の体は健康です。

子どもの頃からは想像もできないほど便利なものにあふれた世の中にいられることに、感謝せずにはいられません。

これは私に限らず、誰にでも起こりうることです。

この本には、何気ない毎日を自由気ままに楽しんでいるおばあさんの生活や考え方が載っています。

今、悩んでいたり、老後に不安を抱えている方のお役に少しでも立てれば、こんなに嬉しいことはありません。

目次

3　はじめに

第1章　89歳、趣味はツイッター。人生、今が一番元気です！

18　ツイッターとの出会いで、人生が劇的に変わりました
26　ロンドン在住のひとり娘とは毎日LINEで電話し合っています
31　茨城県下妻市出身。6人きょうだいの3番目として生まれました
34　はたから見れば波乱万丈な20～70代かもしれません
39　60歳で洗礼を受け、晴れてクリスチャンに
42　89歳、毎日のタイムスケジュール
48　大崎博子ツイート43選　其の一

第2章　病気、寝たきり、認知症を遠ざけるための私なりの健康法

52　元気の秘訣は毎日8000歩歩くこと
57　歴7年の太極拳、雨の日以外は毎日通っています
61　無理せず、適度に健康を意識した日々の食事
64　ぬかパワーで健康維持
69　晩酌は毎日。私にとってお酒は薬です
72　ボケ防止に一役買っているのは週に1回の健康麻雀
75　寝る前5分間はオリジナル体操の時間
80　大崎博子ツイート43選　其の二

第3章　いくつになっても女性であることを忘れずに

84　アイラインとアイブロウは欠かせません
89　ラベンダー色のヘアは70歳から始めました
92　キレイな後ろ姿は歩き方で決まります
94　お金をかけなくてもファッションは楽しめます！

第4章　戦争は絶対に、絶対に、二度と起こさないで

102　私は戦争体験者。だからこそ伝えていきたい
105　本当の戦争は悲惨そのものです
110　あえてツイッターで伝える意味とは
114　大崎博子ツイート43選　其の三

第5章 1カ月の生活費は10万円ちょっと

120 お金に対する考え方と家計簿代わりの日記
123 ざっくりですが月10万円ちょっとの生活費の内訳
126 急な出費、大きな買い物の対処方法
129 遺産というほどのものではないけれど

第6章 お金がなくても心豊かに暮らすために

132 都営住宅の2DKが私のお城です
136 ネットフリックスで韓国ドラマを観ている時間は至福

139 東方神起、BTS、大好きです！
143 白内障の手術をしたら
毎日がぐんと楽に
145 テレビを観ながら
手仕事をするのも楽しい
148 お花のある暮らしは
心が平和になります
156 大崎博子ツイート43選　其の四

第7章
終活、始めています

160 きっかけはひとりだけの写真を
撮ってもらったこと
163 終活は子を思えばこそ
166 残るただ一つの悩みは
大好きな着物の行く末

第8章　毎日をハッピーに過ごすためのコツ

172　苦手な人には近づきません
176　いざという時のケアは万全にして、くよくよ考えない
179　ガードはしっかりと。それがひとり暮らしの鉄則
181　終わり良ければ、すべて良し
184　大崎博子ツイート43選　其の五
186　おわりに

第1章

89歳、趣味はツイッター。人生、今が一番元気です！

ツイッターとの出会いで、人生が劇的に変わりました

2021年の11月、無事89歳を迎えました。そう、89歳。みなさんはどんなおばあさんを想像されるでしょうか。

私の趣味は140字以内の短文（つぶやき）を投稿できるSNS（会員制交流サイト）「ツイッター」（アカウントは@hiroloosaki）で、ありがたいことに約13万8000人を超える（2023年11月現在、20万人超）方がフォローしてくれています。ほぼ毎日投稿していたら、若い人から外国人、著名な方からもメッセージやリプライ（返信）をいただけるようになり、この年になってもどんどん世界が広がっています。

たとえば海外在住の方から毎日DM（ダイレクトメッセージ）をいた

だいたり、ある日、私が学生の頃、好きでたまらなかった『ひまわり』という雑誌によく掲載されていた、画家・中原淳一さんについて「あの人の描く絵が好きだ」とツイートしたら、「俺はカレンダーのモデルになっているよ」とメッセージをいただいたこともありました。

パソコンを始めたのは2011年3月、78歳の時。毎日連絡を取っている、ロンドン在住のひとり娘から、「パソコンを使えば日本とロンドンでも無料で通話できる」と聞いたことがきっかけです。だって当時、国際電話ってものすごく高かったから。あとは大好きだった東方神起《とうほうしんき》のYouTube（ユーチューブ）を観たかった、というのもあります。「Macを買うと〝1年間通い放題で9800円〟のパソコン講座を受けられる」という情報も娘から得ていたので、迷わずMacを購入しました。そして銀座のアップルストア内にあるそのパソコン講座に通い始めました。当時、銀座のアップルストアの3階がシアターになっていて、そこでいろいろな講座をやっていたのです。

恐る恐る通い始めたものの、これがすごく楽しい。「こんなこともできちゃうの⁉」って毎日びっくり。マンツーマン指導だったから、素敵な若い先生が、どんな質問にもていねいに答えてくれました。

マンツーマンの授業を1時間やって、グループ授業を2時間。

13インチのノート型パソコンを背負って銀座まで通うのは大変だったけれど、そこでできたお友達と一緒にご飯を食べたり、三越の屋上の無料休憩所でお菓子を持ち寄っておしゃべりしたり、1年間、とても楽しく過ごしました。その後も3年まで更新できたので、3年間ずっと週に1回通っていました。

そのアップルストアには覚えたことを発表する会があり、私ももちろん出席しました。カレンダーやアルバムといった制作物は作れなかったので、「この年でパソコンを覚えた私を見てください」と。その時、私

太極拳が終わったら公園内を散歩します。疲れたらベンチに座ってツイッターを。季節の草花の写真を撮って、それをアップすることも。

はもう80歳。成人の日の1月15日に開催されたその発表会で、着物を着て「作ったものは何もないけど、80歳の、4回目の成人式です」と言いました（笑）。

こうやってパソコンの使い方はなんとかマスターしました。

でも今はＭａｃよりもｉＰｈｏｎｅ（アイフォーン）を使っています。今欲しいのはｉＰａｄ（アイパッド）。新型コロナウイルスの特別定額給付金でいただいた10万円を使って買う予定でいます。ちょっといい買い物でしょ。

ツイッターはパソコン教室に通い始めてから、またもや娘に勧められました。娘は「面白いから」と言っていましたが、これがさっぱり面白くない。何を伝えていいか、何をつぶやけばいいのかわからない……。最初何かをつぶやいてみたって反応はないし、何が何だかわからない。最初は「なんだ、こんなもの」と思っていました。

そして起きた東日本大震災。あの時、電話はつながらなくなってしまって、スカイプとツイッターだけが通じました。それで娘とも連絡が取れて、「こんなに役に立つのなら」と、本格的にツイッターを使い始めたのです。当時、原発のことで東京電力に疑問を持っていて、そんな不安や苛立《いらだ》ちの気持ちをツイートしたところ、それがライブドアニュースで〝老女がつぶやいているすごい話〟と取り上げられ、フォロワー数が一気に増えたのです。その時はパソコンでツイッターをやっていたから、ボンボンボンボンとずーっと通知音が鳴りっぱなし。消す方法も知らなかったので、わけもわからず、正直とても怖かったのを覚えています。

そのあと、せっかく私のツイートを見てくださっている方がいるのであれば、戦争体験者として戦争のことを書いてみようと思い、2011年の8月の敗戦記念日前後に戦争の話をツイートしました。するとまたどんどんフォロワー数が増えたのです。

それからというもの、ツイートするのはもう日課です。日常の些細《ささい》なことをほぼ毎日つぶやいています。

ツイッターは、たいしたことじゃなくても「今日どこへ行った、何歩歩いた」だけでも、ボケない限り、指が動く限り、続けていきたいなと思っています。

ロンドン在住のひとり娘とは毎日ＬＩＮＥで電話し合っています

私には娘がひとりいます。元夫とは娘を生んでからまもなく離婚したため、ずっと母ひとり子ひとりで生きてきました。そんな娘は１９９５年に国際結婚をして、３人の子どもたちと旦那さんとロンドンに暮らしています。

私が若かった頃はまだ離婚している人も少なかったですし、シングルマザーは良く思われない時代でした。お金にも苦労しました。30代のあの頃は私の人生の中で一番辛《つら》い時期だったかもしれません。

それでも〝娘にはみっともない恰好《かっこう》はさせたくない〟というのが母親の気持ちです。両親が揃《そろ》っていれば、ちょっと破けているような洋服を着ていても変じゃない。でも、母子家庭だからこそ〝普通の恰好をさせなければ〟と、常に思っていました。娘に対して、父親がいないさみしさを感じさせたくない気持ちも強かったです。

だから習いごともやらせていました。立ち居振る舞いやお行儀も教えていただけるんじゃないかと思って日本舞踊を習わせていましたね。そんな立派なところではなく、区民会館みたいなところでですが。浴衣ざらいまでやったかな。あと和太鼓も習わせていました。

娘が幼い頃は、娘を他人に預けたくなくて、麻布十番《あざぶじゅうばん》で喫茶店をやっていた姉のところで働きながら、娘の送り迎えからすべて自分の手でやりました。再婚の話もあったけれど、娘が多感な時期だったのでやめたこともあります。とにかく娘第一で毎日必死、そんな日々でした。

幼い頃は素直だった娘も、中学生になるとだんだん言うことを聞かなくなってきて。買い物へ行っても、親が選ぶものと娘が好きなものは違うから、よくケンカをしましたね（笑）。

娘が留学したのは24歳の時。ずっと貯めていたお年玉とバイトのお金を用意して、「これでロンドンへ留学させてくれ」「どうしても行きたい」と言うので、私は反対できませんでした。だって自分のお金で行きたいって言うんですから。

最初は半年間の留学の予定でしたが、ロンドンが気に入り、最終的にカレッジを卒業し、向こうで就職してしまいました。やがて旦那さんと出会って国際結婚したというわけです。

娘が初めてロンドンへ発《た》った日、成田まで送りに行って、泣きながら帰ってきたのを今でも鮮明に覚えています。

さみしいとは思いましたが、でももう仕方がないわね、行っちゃったし（笑）。帰ってきた時に「行かないで」なんて言うこともなかったです。まあ、言ったとしても聞かないわよね（笑）。ひとり娘だからそばに置きたいという気持ちももちろんありましたが、こんなに遠くへ行っちゃったら、手が届かなすぎて……、もう「さみしいけど応援するね」というスタンスになりますよ。

国際電話が高い時代は電話する前に手紙を書きました。ペラペラの封書に「何日の何時ごろに電話するね」と一言添えて。そうやって時間を合わせて話をしていました。そうじゃないと、ものすごく高額な請求書が電話会社から来ますから。昔はそうやって連絡を取っていたのです。

以前は1、2年に1回はロンドンへ行って、3カ月ぐらい滞在していました。一昨年は娘が日本へ来るはずでしたが、コロナで来られなくなってしまって、もうかれこれ2年くらい会えていません。

それでも今は毎日夕飯どきにＬＩＮＥ（ライン）電話が来ます。たいがい私が晩酌している時。ロンドンは朝の10時ぐらいでしょうか。たわいもない話をするだけですが、私にとってはかけがえのない時間です。

お気に入りの写真は額装して壁に飾っています。なかでもこれは大のお気に入り。幼い頃の孫たちの後ろ姿は見るたびに癒やされます。

ときどき思うんです。このぐらい距離が離れているからこそ、親子関係がうまくいくのかもしれないと。近ければいいわけじゃない。
そんな気もする今日この頃です。

茨城県下妻市出身。6人きょうだいの3番目として生まれました

私は茨城県下妻市《しもつま》で生まれ育ちました。長男、長女、次女の私、妹、弟、妹の6人きょうだいです。

実家は履物製造・販売の下駄屋を営んでいました。昔は着物を着ても下駄、洋服を着ても下駄だったので、下駄屋さんってけっこう良かったんですよ。若い人を何人も住み込みのようなかたちで雇っていて、まぁの生活でした。母はてんやわんやだったでしょうが、子守りさんがいて、若い衆がいて……、子守りさんが弟や妹をおんぶして世話をしていました。

父はとても厳しい人でした。私たちは戦争中に育っているから、女の子でも女々《めめ》しくすると叱られるんです。友達とケンカして泣いて帰った

この可愛らしいのれんは、2022年4月で94歳を迎える姉の手作り。ドアを締め切ってしまうより、これくらいの仕切りのほうが好きです。

ら、棒を持たされて「仕返ししてこい」って。「泣いて帰るなんてとんでもない！」と言われて育ちましたね。

ケンカはしても、きょうだい仲は良かったです。姉と私とが一番仲がいいかな。今でもよく連絡を取っていて、しょっちゅう会いに行っています。コロナ禍の前は、何年かに一度はきょうだいみんなで旅行へ行ったりもしていました。私の娘がロンドンから帰ってくると、姉や妹の家に集まったり。でも今はそれも難しくなってきて、さみしいものです。

兄は他界しましたが、下5人のきょうだいは今でもみんな元気です。末の妹でさえ80歳ですが、健康そのもの。姉は2022年の4月で94歳ですが、エレベーターなしのマンションの4階にひとり暮らししていて、自分の足で上り下りしています。買い物もひとりで行くし、裁縫もします。話が合わないこともなく、頭もしっかり。だから私も94歳までは健康なまま生きられるかなと勝手に思っているんです。見本のような姉が身近にいるので、希望を持てるんでしょうね。

はたから見れば波乱万丈な20〜70代かもしれません

高校を卒業して、18歳の時に東京へ出てきました。上京してからは社交ダンスにハマり、お花を習い、家族麻雀にのめり込んだこともあります。そして結婚して娘を授かり、離婚して。

それからはいろんな仕事に就きました。鰻屋《うなぎや》さんでお運びをしたり、けっこう長い間、姉の喫茶店を手伝ったり。化粧品が大好きだったので、化粧品の営業をしていたこともあります。喫茶店の常連さんにカタログを渡して営業して。でもそれだけでは金銭的にはまかなえず、生活は苦しく、大変でした。いわゆる〝児童手当〟がとっても大切なお金でした。

もともと洋服が好きで、おしゃれに関心があったので、50歳から定年までは目黒・八芳園《はっぽうえん》で衣装アドバイザーの仕事をしていました。新郎新婦の衣装を選ぶお手伝いをする仕事です。そして定年を機にそこを辞めて、70歳までＫＫＲ（国家公務員共済組合連合会）の大手町のホテルで衣装アドバイザーを務めました。

70歳で仕事をやめてからも暇を持て余すことはあまりなくて、なんとなく忙しく過ごしています。

テレビドラマ『愛していると言ってくれ』（１９９５年、ＴＢＳ系）、それから『星の金貨』（１９９５年、日本テレビ系）が放映されたことで手話ブームが巻き起こったことがありました。その影響か、当時、手話を覚えたくて、住んでいた港区の講座に週1回、一日も休まずに3年間通い、無事習得することができました。今でも日常会話程度なら手話で話せます。今住んでいる団地にもご夫婦で聾啞《ろうあ》の方がいらっしゃって、その方たちとおしゃべりしていますし、通っている教会で聾啞の方の通訳を担当することもあります。教会で座る席はいつでも手話席です。

①幼少期の頃。真ん中が私です。
②伯母のお祝いパーティにて。昔は何かあれば着物でした。
③娘の七五三にて。
④成田空港に遊びに行った際にパチリ。
⑤職場にて。
⑥時代を感じさせる眉毛のかたちですね(笑)。
⑦海にて。昔からファッションが大好きでした。
⑧お気に入りの着物をまとって。

前述したパソコンにツイッター、このあと詳しく書かせていただく太極拳に散歩、ネットフリックスにBTSと、毎日心から楽しく過ごさせてもらっています。ひとりで生きていく以外にないんだったらひとりでいろいろ楽しまなきゃ、って思うんです。

60歳で洗礼を受け、晴れてクリスチャンに

1991年の春、麴町《こうじまち》イグナチオ教会での娘の洗礼式に私も同席しました。そしてその和《なご》やかな、涙が出てくるような、ジーンとくるような……とてもいい空気に心底感動してしまって。生まれてこのかた、宗教に関心を持ったことは一度もなかったので、不思議な感覚でした。

それまでは仏教徒でしたが、意識したことも、一生懸命信心するという気持ちを持ったこともなく、お盆が来たらお墓参りに行って、お彼岸にも行って、と日本人としてごく普通のことをしてきただけです。それなのに洗礼式に参加してからキリスト教について勉強したくなり、それから講座に通い、洗礼を受けて、60歳の時にクリスチャンになりました。

その頃からですね。気持ちを切り替えられたというか、スッキリした

というか。「人生、また一歩から進もうかな」という気持ちになれたのです。

なお、ロンドンにいる孫たち3人の洗礼式にも現地で参加しています。決して敬虔《けいけん》なクリスチャンではありませんが、お祈りするととても気分が良くなります。

以前は日曜日になると四谷《よつや》の教会へ通っていました。ミサが終わるとバスで銀座へ。歩行者天国をブラブラ歩いたり、お昼を食べたり、そんなことも楽しみの一つでした。クリスマスも必ずミサに出席していました。コロナ禍以降はネットミサに参加しています。何年か前に教皇様が東京ドームにいらした時も、抽選に当たって行ってきました。

クリスチャンになったことで、ネガティブなものを手放し、楽《らく》に生きられるようになったことを日々実感しています。

クリスチャンの私は、チェストの上とダイニングルームのコーナーにイエス様とマリア様を飾って、祭壇にしています。季節の花々やドライフラワーを添えて華やかさを演出。

89歳、毎日のタイムスケジュール

朝は6時に起床します。朝食を軽く済ませて、そして遅くても7時10分には家を出て、太極拳の会場、石神井《しゃくじい》公園へ向かいます。歩いて20分くらいでしょうか。太極拳が始まるのが7時30分。1時間ほど行なって8時30分頃終了します。

それから、太極拳の仲間と一緒に石神井公園を散歩します。大きなテーブルのあるベンチに座って30分ほどおしゃべりすることも。70代の方々ばかりで、65歳くらいの方もいらっしゃるかな。みなさん、若いですよ、私から見れば（笑）。以前はひとりか2人だったんですけど、最近は仲間が増えました。

おしゃべり以外にも草花の写真を撮ったり、それをツイッターに投稿したりもしています。空気がすがすがしい公園では、そんなふうにゆっくり過ごしています。

家に戻るのは10時頃。それから部屋の掃除をして、お風呂に入ります。私は夜に入浴はしません。東日本大震災以降、お風呂は朝と決めました。地震で停電になったら、動きが取りにくくなってしまう。だから夜は避けているんです。まぁ暇人だからいつ入ったっていいんですけど、朝風呂は気持ちがいいでしょ。同時に洗濯機を回すこともあります。

入浴中は、脱衣所に置いてあるCDプレイヤーで音楽を聴いたりもします。昔からさだまさしさんが好きなんです。最近はBTSにもハマっていて、全メンバーの名前もきちんと言えるほど。そんなBTSが聴きたい時は、iPhoneを脱衣所まで持っていって曲をかけたりも。年寄りのやることじゃないから、ちょっと恥ずかしいんですけど（笑）。

そうこうしていたらもうお昼です。昼食を食べて2時くらいになると、契約している動画配信サービスのＮｅｔｆｌｉｘ（ネットフリックス）で大好きな韓国のドラマを観て、夕方まで楽しみます。毎月１０００円しない定額で観放題なので安心です。そのあと、新聞を取っていないためテレビで番組表を確認し、夜に放映されるスポーツ番組の予約をするんです。スポーツはジャンルにかかわらず何でも大好きなので、できる限り観ています。夕食の準備はそれから。ネットフリックスを切りのいいところで終えて取りかかるので、時間はまちまちかな。準備には1時間くらいかけます。

食べ始めるのは6時半頃。そのあたりでイギリスにいる娘からＬＩＮＥ電話がかかってきます。向こうは朝の9時か10時くらいなんですよ。夕食をとりながら、呑みながら、いつも20～30分はしゃべっていますね。

夕食後は、録画しておいたスポーツ番組を観ます。東京オリンピックの間は、ずっとテレビにかじりついていたほどスポーツ観戦が好きです。昨日は北九州で開催されていた新体操を観ていましたね。あとはツイッターを見たり投稿したり、という感じです。

夜9時になったら、必ずニュースを観ます。その間に5〜6分程度、自己流の簡単なストレッチ&体操をします。首や肩を回したり、スクワットみたいに中腰の姿勢を保ったり。肩が凝《こ》るのはイヤだし、脚を骨折なんかしたら寝たきりになって大変だから、転んでも軽症で済むようにね。毎日少し、コツコツと。

実は私、3年前に転んでいるんです。石神井公園内を歩きながら写真を撮っていて、木の根っこにつまずいてしまって。倒れた時に別の根っこでみぞおちの肋骨《ろっこつ》を折ってしまいました。それは1カ月かからないで治りましたが、脚の骨だったら寝たきりになってしまいますから。最近は、背骨とか腰骨とかの圧迫骨折の話題もよく耳にしますよ。これをやってしまうと、背中が曲がったり腰が曲がったりして、杖《つえ》やシルバーカー（手押し車）が必要になる。そうなるのが怖いから、自分なりに鍛えているんです。

ニュースが終わり、10時頃にはベッドに入るようにしています。入ったらすぐに眠くなってきますから、本を読んだりとかスマホをいじったりすることはありません。ストレッチのおかげで、よく眠れています。

この年で8時間睡眠は多すぎるかしら。でもぐっすり眠れることにも感謝なのです。

My Life Style

１日のタイムスケジュール

AM 6：00	起床　軽めの朝食をとる
AM 7：10	石神井公園へ
AM 7：30	石神井公園で太極拳
AM 8：30	太極拳終了後、公園内を散歩
AM 10：00	帰宅　部屋の掃除、入浴、洗濯
PM 12：00	昼食
PM 2：00	ネットフリックスを観る
PM 4：30～5：30	買い物に行ったり、夕食の準備にとりかかる
PM 6：30	夕食　娘とLINE電話。
PM 9：00	ニュース番組を観る。合間に5分程度の体操
PM 10：00	就寝

大崎博子ツイート43選　其の一

osakihiroko
@hiroloosaki

私の両親は子供を６人産み、男２人女４人。兄が88歳で亡くなり今でも５人健在です。私は次女。

親の考えは男達には手に職を！

女達には学歴をとの考えでした。姉は93歳ですが昔の女学校を出ています。

当時は小学校６年が義務教育でした。両親も読み書きソロバンが得意！

親に感謝です。

18:34・2021/08/06

osakihiroko
@hiroloosaki

大勢の方々からフォロー、お気に入りを頂きありがとうございます
88歳のおばぁさま……大した呟きもしていないのに、涙が出る位嬉しいです
Twitterは今の私の生き甲斐でもあります。『感謝』
ボケない限り続けます。
見守って下さい。『幸せ』

21:28・2021/07/18

osakihiroko
@hiroloosaki

年寄りの人達が「昔は良かった」と言う人が居ますが私は一度も思った事はない。今の方が全ていい……私が生きているうちに何が起こるか
楽しみです（89歳じゃ無理か）
今を生きたいです

18:34・2021/12/12

osakihiroko
@hiroloosaki

眠い zzZ 😪 zzZ 😪 zzZ
グーナイ(-.-)y-.,oO

21:58・2021/07/18

osakihiroko
@hiroloosaki

石神井公園散策中！
89歳のおばぁさま
自撮り📱しました。

10:35・2021/12/12

osakihiroko
@hiroloosaki

おはようございます☀
雲ひとつない晴天です。
喜愛で良い日を♪

10:25・2021/12/22

osakihiroko
@hiroloosaki

お友達っていいものですね。25年ぶりに会ったけど全くそんな気がしなかった。あーここ半年くらいはLINEで喋ってた……ので違和感を感じなかったのかもです。
年を重ねるとお喋りタイムって大事ですよ❣

18:34・2021/08/06

第2章

病気、寝たきり、認知症を遠ざけるための私なりの健康法

元気の秘訣は
毎日8000歩歩くこと

今、私は自分でも驚いてしまうくらい元気です。痛いところはどこもないし、毎日楽しいし、お酒も美味《おい》しい。

だからといってずっと健康でいたわけではありません。50代で子宮筋腫を患い、70代は胃がんで胃の3分の2を切除しました。さらに右ひざに水が溜まってしまい、治療のために注射をどれだけ打ったかわかりません。そんな状態でしたが、無理をしない程度に歩くことを続けていたら、いつの間にか痛みもなくなり、溜まっていた水もなくなり、全部解消してしまいました。

70代の頃に比べたら、今のほうが快調ですね。もしかしたら、人生で一番元気かもしれません（笑）。

今の部屋に引っ越しして、近くにある石神井公園で散歩をするようになったことが大きかったと思っています。それまではウオーキングなんてたまにしかしていなかったから。

ここへ引っ越してきて最初の頃は自転車で走っていたけれど、70歳になるとシルバーパスで都内を走るバスが無料になるんですよ。それなら「自転車いらないんじゃないの？」と思い、業者に引き取ってもらったんです。そうしたら、もう歩くしかない。散歩はもちろん、買い物へ行くのも太極拳へ行くのもひたすら歩く。現在は年に何回かたまにバスに乗る程度。コロナ禍で遠出もできないから、電車にも乗っていません。歩くことが本当に増えました。それで健康になったと確信しています。ウオーキングってすごいですよ。

石神井公園は家から歩くのにちょうどいい距離なんです。往復4000歩、ぐるっと一周して帰ってくると7500歩なので。それで

太極拳＆散歩から帰宅したら、ドリップで丁寧にコーヒーを淹れて、ホッとひといき。愛飲している豆はイタリアンコーヒーのラバッツァです。

買い物へちょこっと出かければ8000歩。そう、毎日8000歩歩いています。

大事なのはウオーキングを始めるタイミングだと私は思います。だって歩けなくなってから歩こうとしたってそれは無理じゃないですか。あちこち痛くなってからじゃもう間に合わないんです。早々に自分の老いを認めて、なるべく早くから歩く習慣を作れるといいですよね。

　歩くことは健康の基本。歩かないから歩けなくなる、運動しないから圧迫骨折する、そういう悪循環に陥らないことが大切だと思っています。用事がないと歩かなくなってしまうものかもしれませんが、むしろ用事を作ってでも歩いたほうがいいと思います。

　石神井公園から帰ってきたら、ドリッパーで淹《い》れたお気に入りのコーヒーでホッとひといき。これは、娘にドリッパーをもらってからずっと続く習慣です。今使っているドリッパーは2代目だから、けっこう長く続いています。昔はベランダの椅子に座って飲んでいました。心底リラックスできる、かけがえのない時間です。

毎日8000歩歩いています。四季によってさまざまな表情を見せてくれる石神井公園内の散歩は、毎日歩いても飽きることはありません。

歴7年の太極拳、雨の日以外は毎日通っています

私くらいの年齢になるとたいてい「腰が痛い」って言うんですよ。でも、私には、今のところそれがありません。石神井公園を歩くのも、若い人と歩調は一緒です。その秘訣《ひけつ》は、先ほども書いたように、毎日歩いていることのほかに、太極拳を続けていることも大きいと思っています。

最初は太極拳ではなくラジオ体操をやっていました。でもスタートが6時半だから朝が大変なの。夏はいいですよ、涼しいし、気持ちがいい。でも冬なんてまだ真っ暗。12月になったらもう無理って。そうしたら石神井公園で朝の7時半から太極拳をやっていることを知り、こちらに切り替えました。

太極拳は、日曜日と大晦日と元旦が休み。それ以外はやっているので、用事がなければ毎日行っています。雨の日でも、狭い屋根のあるところで数人やられていますが、屋根の下では4人くらいしかできないので、さすがにその日はお休みしています。

毎日参加している人は25人ほどでしょうか。でもコロナがきっかけですごく増えましたね。運動不足解消と、それまで室内でやっていた方々が野外に出てきたからでしょうね。だから今は全員で40名ほどです。

太極拳はね、絶対にいいと思います。動きはゆっくりですが、全身を使いますし、無理がないのでお年寄りにもぴったりです。入った時は太っていた人も、続けるうちにみんな絞れてきます。痩せたというより、引き締まっていく感じ。体幹だって驚くほど鍛えられます。決して激しい運動じゃないのにね。だからずっと続けていられるんです。

交友関係も広がるし、いいことずくめです。太極拳を終えたらみんなでおしゃべりしながら公園を歩いて回るのが日課です。

歴7年の太極拳。秋晴れのなか、イチョウの絨毯の上で舞う「二十四式」です。体のすみずみまで動かせて、体幹も鍛えられます。

無理せず、適度に健康を意識した日々の食事

区の健康診断は必ず受けています。必ずどこかしら引っかかりますが、あまり気にしすぎないようにしています。以前はときどき、日曜日のミサの帰りに、銀座のファンケルに寄って骨密度や血流検査を無料でやってもらっていました。

今は高血圧の薬と、血糖値が上がってしまったので、糖尿病の薬も飲んでいます。ほかにもコルステロール値が高くて、お医者さんはその薬も出したいみたい。でも「まだいいです」と言って断わっています。次の検診であまりにも数値が高いようだと、きっと出されちゃいますね。

ほかに言われているのは、心臓肥大。やはり年なので、それなりにいろいろあるんです。そんなこんなで月に1度、薬をもらいに病院に行っ

て、3カ月に1度、血液検査もしています。

食事については、お医者さんからも特に何も言われていないので、厳しい食事制限はしていません。年をとってから下手《へた》に制限をすると、栄養失調になりかねませんからね。無理せず、できる範囲の自分ルールで日々の食事を楽しんでいます。

基本的に手作りですが、既製品もためらわず買います。家では、炒め物は作るけど、揚げ物はしません。とんかつや唐揚げなどは、たくさんは食べられませんし、それだけ作るのは手間に見合わないから、そういうものは買っています。

自分にとっては使い勝手のいい台所。ここに立つことは嫌いではありません。ぱっぱっと作るのは楽しいものです。

ぬかパワーで健康維持

毎日必ず食べているものが二つあります。

一つはぬか漬け。ぬか床はもう19年になりますね。娘のいるロンドンへ3カ月行っている時もぬか床に塩をちょっと多めに振って、冷蔵庫に入れて。そして帰国したら上のほうをすくって捨てるだけ。それで十分。ふだんは毎日手を入れてかき回していますよ。出汁《だし》昆布を入れたり、今なら柿の皮を2、3枚入れたりね。ぬか漬けは、毎日お酒のつまみに必ず食べます。前日だと漬かりすぎちゃうから、朝漬けるんです。でも、古漬けに細かく刻んだ生姜をあえたものも美味しいですよね。

二つ目は米ぬかを煎《い》ったものを毎日食べています。米ぬかとは穀物を精製した時に出る果皮、種皮、胚芽《はいが》などの部分なのですが、お米の栄養素の95％は米ぬかのなかにあるといわれているほど栄養価が高いんです。味はきな粉みたいでほんのり甘みがあって美味しいんですよ。

食べ始めたのは、7、8年前に友達に勧められたのがきっかけです。週に1回、その人の家に着付けを教えに行っていて、「お礼としてお金は払えないけど、お昼ごはんを食べていただくわ」ということで、お食事をごちそうになったんです。その時に出てきたもののなかに野菜たっぷりのフレッシュジュースがあって。「ジュースにぬかを入れているのよ」と言うから、やり方を聞いたら、ぬかを乾煎《からい》りするだけと。簡単だし、お金もかからないし、「これならできるかも」と始めてから、ずっと続けています。

作り方は簡単です。お米屋さんで買ってきた米ぬかを8分から10分、フライパンで乾煎りするだけ。木のへらで焦げないようにかきまぜながら弱火でじっくりじっくり。そうするとキツネ色になりますから。それを私は毎朝、豆乳や牛乳にスプーン一杯入れてかき混ぜて飲んでいます。

ほかにもヨーグルトにかけて、物足りなかったら黒蜜をプラスしてもとても美味しいですよ。

フレッシュジュースは何回か挑戦したものの、ミキサーも持っていないし、後始末が大変で。それでやめてしまって、ぬかだけが残ったというわけです。

太極拳の仲間に試食してもらったらけっこう評判も良く、何人かは始めています。こういった情報を共有していくことが健康への近道ですよね。

ぬか漬けも煎りぬかも、簡単でお金がかからなくて美味しいというところが続けていけるポイントなのだと思います。

19歳を迎えるぬか床に、毎朝、その夜食べる分だけ旬の野菜を漬けています。これをつまみに晩酌するのが日課です。

煎ったぬかはほんのり甘くて美味。
栄養も抜群なのでまとめて作って
は冷蔵保存。ヨーグルトとバナナに
かけていただきます。

晩酌は毎日。私にとってお酒は薬です

70代で胃がんの手術した時に思ったことは、「もう一回お酒を呑める体になりたい」でした（笑）。普通はもうお酒はやめるって思うと思うの。「がんを患ってやめました」という人、けっこういますよね。でも私は、「もう一回呑みたい」と思ったんです。

お酒は何でも好きですし、何でも呑みますけど、高いお酒は呑みません。ワインだったらカルディで売っている700円ぐらいの赤ワインが好きです。「レッドウッド　カベルネ・ソーヴィニヨン」。ワインは赤も白も好きだけど、これに関しては赤が美味しいの。自分でカルディに行って3本か4本まとめ買いしています。

赤ワインに焼酎……お気に入りのお酒をずらりと並べて。その日の朝に漬けたぬか漬けとチーズがあれば晩酌セットの完成です。

缶ビール（330㎖）は毎日。それだけでおしまいにする時もありますが、足りない時はハイボールだったり、チューハイにしたり。でもワインの時はビールを呑まないで、ワインだけです。だいたい3日で1本空きますね。ちょこちょこおつまみっぽいものを小鉢に入れてお盆にのせて、のんびり晩酌する時間は至福です。

決して深酒をしているわけではないので、休肝日は特に設けていません。私にとってはお酒は元気をくれる「薬」みたいなものだから、休む必要ないんじゃない？　なんて。もちろんたくさん呑んでいる人は休肝日が必要だと思いますが、でも、缶ビール1本とプラス何か1杯くらいだったら、休まなくてもいいのかなって。ダメですかね（笑）。

ボケ防止に
一役買っているのは週に1回の健康麻雀

毎週水曜日は麻雀の日です。

麻雀と聞くと昔は賭け麻雀のイメージがありましたが、今は年寄り向けの健康麻雀が盛んです。認知症予防のお医者さんが勧めているくらいですから。できるならば認知症にはなりたくありません。だからやれるだけのことはやりたいと思っています。

麻雀って頭をものすごく使うんですよ。一つ牌《パイ》を持ってくるごとに局面が変わって、同じ状況も二度とない。指も使って頭も使いますから、最高の脳トレですよね。麻雀をやっていると、脳が活性化するのが自分でもわかります。

麻雀の会に入会したのは、83歳の時です。石神井公園で出会った友達が「私、麻雀やっているの」と言うから、「えっ、私も昔やっていたのよ」と。「じゃ、また入ればいいじゃない」という流れで。その時分はパソコン教室に通っていたので、時間が取れずに諦めて、パソコン教室がひと区切りしたタイミングで麻雀の会に見学へ行って、その日に入会しました。「83歳でやめる人はいるけど、83歳で入会する人はいないよ」と言われました（笑）。

60歳以上を対象としたこの会でも私は最年長です。麻雀の会だけでなく、もうどこへ行っても最年長になることが多いのですが。

１００人の会で、会の平均年齢は70代なかば、女性が7割、男性は3割くらいでしょうか。会は三つにわかれていて、私は水曜日午後のクラス。そのなかで、何回か優勝もしています。

昔、家族麻雀をやっていたという女性は多いですよね。「夫がやっていたのを見ていて、自分もやりたかったのよ」と言う人がけっこういます。アニメの『サザエさん』でも家族麻雀のシーンが出てくるくらいですから。

私は20代に賭け麻雀の経験があるので、真剣な駆け引きもしていたし、「負けたくない！」という気持ちがとても強いんです。若い頃に覚えたものって、年をとっても忘れないんですよね。長いこと離れていたけれど、ちょっとやったらすぐに思い出しました。

寝る前5分間は
オリジナル体操の時間

体操というかストレッチというか、自己流ですが、寝る前に必ず体を動かすことも続けています。夜は10時に床に就くので、9時前後に部屋で体を動かしています。骨密度を上げるのにいいといわれている、かかと落とし（かかとの上げ下げ）を30回から40回。肩回しを10回以上、ウエストツイスト30～50回、立位体前屈、ラジオ体操の「体をねじる運動」と「体をまわす運動」、あとストレッチね。全部やって、時間にしたら5～6分程度ですが、全身を動かします。そうすると、よく眠れるんです。かかと落としは、テレビで紹介していたのを見て取り入れました。

おかげで立位体前屈は、手の甲まで床にピタッとつきます。両手を背

ラジオ体操の「体をねじる運動」を取り入れて、腰痛防止に。簡単だけれど、毎日続けることに意味がある！

全身の関節をしっかり回したら「立位体前屈」を。おかげさまで手の甲が床にしっかりつくほど体がやわらかくなりました。

こちらもラジオ体操の「体をまわす運動」を取り入れています。腕から腰まで全身の関節をしっかりと動かして。

かかとを上げ下げする「かかと落とし」で、骨を強化しています。テレビを観ながらでもできる運動です。

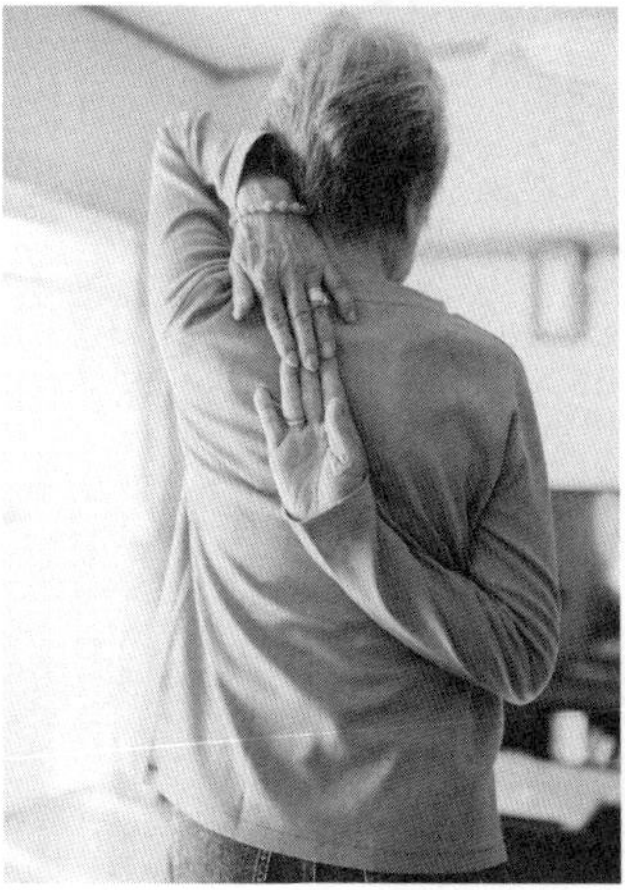

毎日5分の体操のおかげで体もだいぶやわらかくなりました。もちろん反対側の手も届きますよ(笑)。

中でつなぐこともできるほどやわらかくなりました。

関節を緩めて、軽く筋トレ。完全なオリジナルなので、どこまで効果があるのかは正直わかりません。でも、この運動をすることで毎日気持ち良くぐっすり眠れる。それだけでも十分なのです。

大崎博子ツイート43選　其の二

osakihiroko
@hiroloosaki

昔って洋酒って高くて飲めなかった、けど最近は安くなっているのもあります。正月用に買ってあった洋酒を今夜開けて飲んでます。ハイボール美味❣

18:38・2021/12/18

osakihiroko
@hiroloosaki

高齢者に必要なものは
教養と教育です。
教養とは『きょう ようがある』
教育とは『きょう いくところがある』と毎日家を出ることだそうですよ!!
私は教育と教養を重ねています。

14:06・2021/07/31

osakihiroko
@hiroloosaki

私はミーハーなので、流行りのものには手を出した。社交ダンス、麻雀、ゴルフ、ボーリング。TVで手話ドラマ（愛してくれと言ってくれ。星の金貨）の時には手話講座に3年通った。やらなければ良かった、と思うものはない。今でも50年振りに始めた麻雀は脳トレに役立っています❣
何でもやってみよう！

19:44・2021/12/28

osakihiroko
@hiroloosaki

悪い習慣ってすぐに身につくけど、良い習慣は努力しないと身につかない！

18:25・2022/01/09

osakihiroko
@hiroloosaki

私　88歳なのでストレスのある生活はしたくない。
幸いな事にお一人様なので、好きなように自分のしたい事をして、生活しています。
なるべく規律正しく生活するようには心掛けてます。
気ままに生きられるのも、健康であればこそ❣
健康なら1人でも楽しめます！
『感謝』

18:22・2021/03/22

osakihiroko
@hiroloosaki

私88歳はいつ何があってもおかしくない年齢です。
お一人様の私、一番怖いのが認知症です。
身体の方は毎日の太極拳＆散策！　頭の方は麻雀とTwitter❣
家の事も全て自分です。
楽しみは毎晩の晩酌（笑）です！

18:22・2021/08/02

osakihiroko
@hiroloosaki

お部屋にお花を活けたり、食事の時の食器を好きなものにする……とかで心豊かにしています！

21:53・2021/11/24

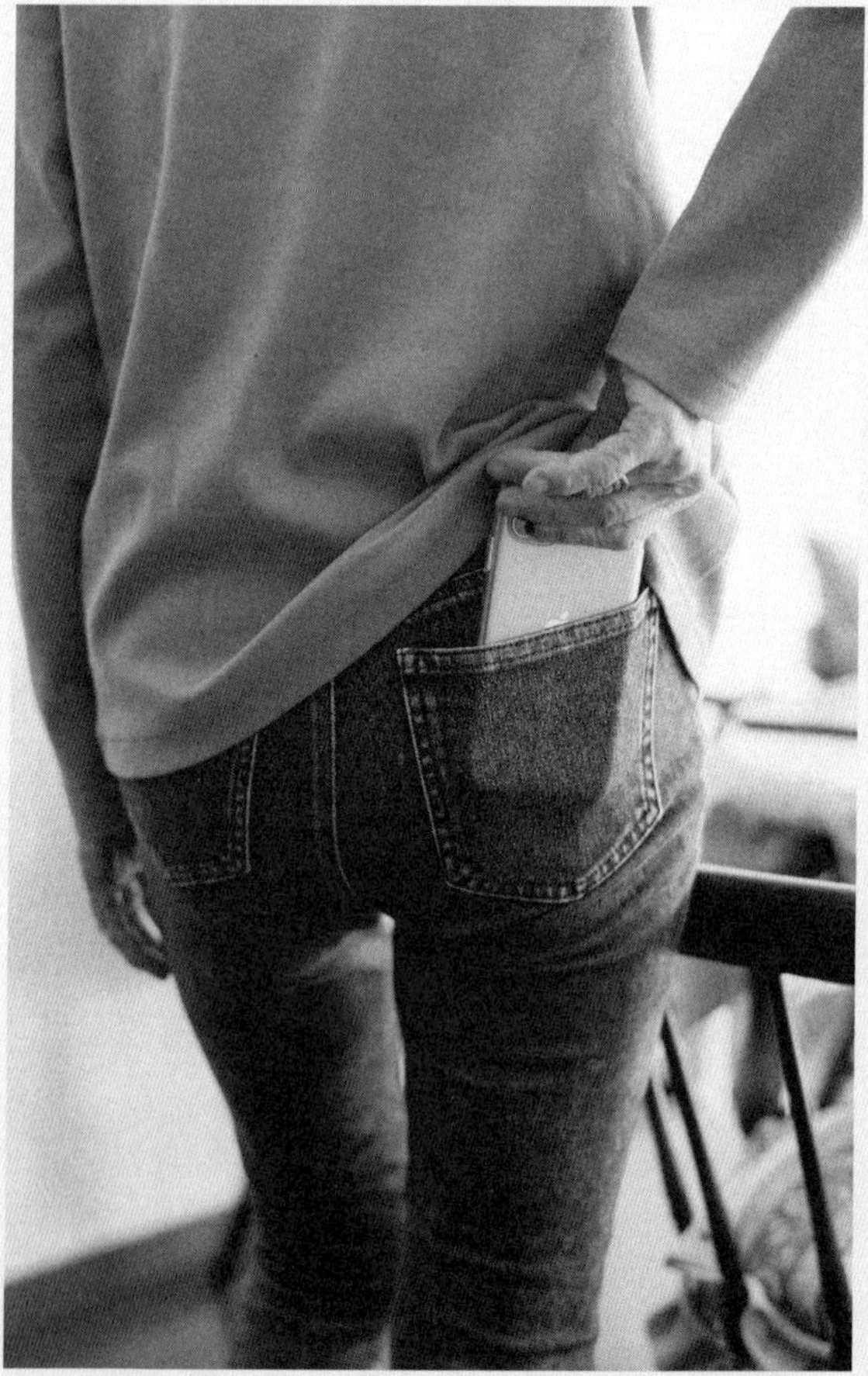

第3章

いくつになっても女性であることを忘れずに

アイラインとアイブロウは欠かせません

毎日きちんとお化粧をするわけではありませんが、眉とアイラインだけは描くようにしています。アイラインはね、描かないと顔がボケちゃうんです。年を重ねると目に力がなくなり、ボーっと見えるから（笑）。これをごまかすために入れています。89歳でもまだアイラインが引けるっていうのが面白いでしょ。でもね、シワが深いからアイラインがキレイに入らないのよ（笑）。結局、目の上がガサガサになっちゃうんです。私はペンシルを使っているけれど、シワが深くてだんだん引きにくくなってきているので、今度はリキッドの細いのでやってみようかと思っています。

ずっとお化粧していない人が突然アイラインを入れると、違和感が出てしまうと思うんです。続けていないと、顔に合わなくなる。だからこの年になっても頑張って引いていますよ。愛用しているのはファンケルのもの。グレーの色みもいいし、使いやすい。値段も手頃なんです。

出かける時は、まず日焼け止めを必ず塗ります。昔はこの後にファンデーションだったのですが、シワの中に固まっちゃうから、年をとってからファンデーションをベタベタ塗るのはあまり好きではなくなりました。その代わり今はファンデーションではなく、ルースパウダーで軽く押さえています。マスクをするから、おでこだけこれを叩《たた》いとけばいいでしょ（笑）。愛用しているのは無印良品のルースパウダー。ちょっとだけパールが入っていて、くすんだ肌でも少し光る感じに仕上がり、すごくいいんです。1200円ほどで、リフィルは800円くらい。安くてこれはおすすめです。

太極拳や麻雀に行くだけとはいえ、あんまり〝ばあさんばあさん〟し

右から、無印良品のオールインワンジェル、オールインワン美容液ジェル、薬用美白化粧水、娘からもらったレチノールクリーム。

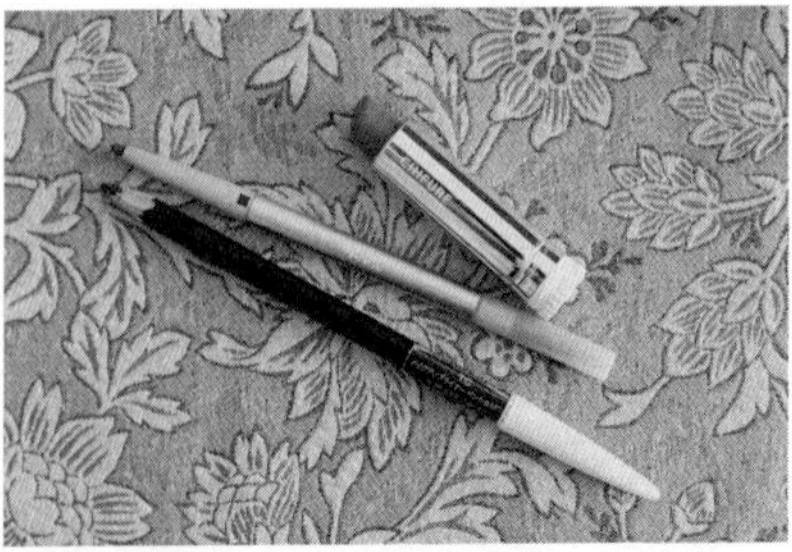

上から、ちふれのリップクリーム、ファンケルのグレー色アイライナー、ブランド不明だけれども愛用しているアイライナー。

ているのも悪いかなと思って、これくらいはやります。

口紅は、マスクを外す機会がある時だけ色の薄いものを塗ります。これも安いものを。でも、あんまり安いものばっかりだと笑われちゃうかしら（笑）。

と言いつつ、スキンケア用の化粧品も安いものしか使っていません。

どれも無印良品のもので、まずは薬用美白化粧水。化粧水のあとにオールインワンジェルだけ。

それまでは友人から購入していたオイルを使っていたのですが、コロナでその人に会えなくなって、手持ちのオイルも使い切ってしまったので無印良品の製品に切り替えました。でもそのほうが安いんです。最近、娘が送ってくれたレチノールクリームがすごくいいので、そちらも大切に使っています。

洗顔は、目覚めた時はぬるま湯ですすぐだけ。公園から帰ってきてお風呂に入る時に石鹸《せっけん》で洗います。ふつうの浴用石鹸です。それから化粧水、オールインワンジェル、UVカットのクリームを塗って、粉を叩いて……という流れになります。

たいしたことは一切していませんが、それでも、こうやって鏡をのぞいて、手をかけ続けることが大事なんじゃないかと思うのです。

ラベンダー色のヘアは70歳から始めました

70歳までは白髪染めを使って髪を染めていました。でももう間に合わないの。1センチ伸びると見た目が汚くなってしまう。髪の毛が汚いと全体がみすぼらしくなるじゃないですか。だから白髪染めをやめて、娘が勧めてくれた色の入るシャンプーを使い始めました。それからはずっとこれだけです。

娘に頼んでもらって、アメリカから取り寄せているこのシャンプーとコンディショナーを使うだけで、ラベンダー色に仕上がるので、カラーリングはしていません。だからとても楽なんですよ。2本で6000円ぐらいで、アメリカからの送料が1500円程度。決して安くはありませんが、これ1本ずつで1年もつんです。40日ごとを目安に行くヘアサロンでは1980円のカットをするのみ。それでも十分キレイでいられます。

白髪って黄色っぽくなるんです、ツヤがなくなって。それを抑え、キレイに見せてくれるのがこの色だったので、ラベンダー色にしています。

しわくちゃなのは仕方がないとして、肌がガサガサだったり、顔色が悪かったり、髪がボサボサしているのは、清潔感がなくてどうしても好きになれません。年を重ねれば重ねるほど、清潔感って大事ではないでしょうか。でももう面倒臭いことはできないので、簡単に、お金をかけずにできる方法を模索して、今のかたちに落ち着きました。

それにしても、こういったシャンプーとコンディショナー、日本にはないみたいなんです。かなり探してみたけれど見つからなくて。あればもっと便利なんですけどね。発売されるのを気長に待つとします。

娘にお願いして取り寄せている、カラーリングできるシャンプーとコンディショナー。このおかげでラベンダー色をキープできています。

キレイな後ろ姿は歩き方で決まります

オリジナルのやり方ですが、キレイに歩ける方法があります。道路に引かれた白線があるでしょ？　あの上を姿勢を正してまっすぐ歩く。いつもではないけれど、できるだけそれを意識しています。公園でも、歩道のラインがある場所ではそうしているわね。そうすると、歩く姿勢と方向がまっすぐになるクセがつくんです。

これはずいぶん若い頃から続けているやり方で、理由は、キレイに歩きたいと思ったから。後ろ姿だけでも美しいほうがいいですからね。だから今でも「後ろ姿は美しい」と言ってもらえます。「後ろから見たら絶対に年寄りに見えないよ」って。どこから見てもキレイならいいけど、前は無理だから（笑）。

お腹《なか》に力を入れるとか、そんな難しいことはしていません。ただ猫背にならないように、姿勢を正しくするだけです。具合が悪くなったら猫背にもなってしまうのかもしれませんが、今はまだ大丈夫なので、姿勢は常に気をつけています。

それだけでだいぶ若く見えます。簡単にすぐできることなので、試してみる価値は十分。おすすめですよ。

階段の上り下りも、目線をちょっとだけ上に向けて、できる限り背筋はまっすぐになるように気をつけています。

お金をかけなくても
ファッションは楽しめます！

昔からおしゃれは大好きで、もちろん今でも好きです。でもこの年になったらお金をかけないでおしゃれをします。それが断然楽しいのです。

たとえばいつもの着こなしに、キレイな色のスカーフやストールを1枚、合わせてみるとか。スカーフやストールって、カシミヤなどの高級なものももちろんあるけれど、わりと手頃な値段で買えるものも多いじゃないですか。1000円台で買えるので、そういうのをちょっと肩に掛けたり、さらっと首に巻いたりしています。防寒にもなり一石二鳥。

私がよく着ているユニクロのお洋服はシンプルなものが多くて、同じようなデザインを買ってしまいがちだから、そこへプラスして、ちょっとした華やかさを演出したり。

そう、持っているお洋服のほとんどはユニクロです。ユニクロ自体がお手頃価格だけど、ユニクロの店内にあるバーゲンコーナーならさらに安く買えるので、お店に行ったら必ずチェックしています。そこで掘り出し物を見つけるのは楽しいですね。値段もけっこう下がっていて、いいものが見つかるとワクワクします。

でもコロナ禍以降は、ほとんど洋服は買っていません。太極拳と麻雀と買い物しか着て行くところがないんですから。家の中では着心地が良くて楽なものがいいですからね。

そんななかで最近買ったものは、ニューバランスのスニーカーです。8000円ぐらいでした。毎日8000歩歩くとなると、やっぱり歩きやすい靴が良くて、ここ最近はずっとニューバランスのスニーカーを愛用しています。私の足のかたちに合うんでしょうね。ABCマートに行っては、店員さんに見繕ってもらっています。
昔はハイヒールをずっと履いていたので、私は外反母趾《がいはんぼし》なんです。だからふつうの靴を履くと、外反母趾のぼこっと出ている親指の付け根に当たる部分が真っ先に傷んでしまい、へたすると穴が開いてしまいます。だから今回は、店員さんに勧められた外反母趾用のインソールを靴のなかに入れてみました。クッションが良くて、すごく履き心地がいい。どの靴にも使えて、洗えるから、一つ持っていると安心です。定価は1600円だったけれど、スマホにABCマートのアプリをダウンロードしたら1000円安くなり、久々にとてもいい買い物をしました。外反母趾の方には専用のインソール、いいですよ。

ネックレスやピアス、指輪は何かしらいつも身に着けています。なぜなら、一度着けたらしばらくは着けっぱなしだからです（笑）。ぬか床をかき回す時も、お風呂に入る時も着けたまま。だからあまり大きなも

少しずつ買い集めたスカーフ＆ストール。肌寒い時、コーディネートがさみしいなと思った時に、投入しておしゃれを楽しみます。

押入れ用の収納箪笥は奥にももう1段引き出しがあるんです。だから衣替えは奥と手前を入れ替えるだけ。

のは着けません。ちょっとお出かけする時にはアクセントになるような大ぶりのネックレスをすることもありますが。

ネックレスは外国に行った時に思い出として買ったりしていました。アクセサリーは娘からのプレゼントも多いです。いつも仕切りのついたケースに収納していて、身に着けているジュエリーに飽きたタイミングでときどき着け替えています。あくまでも楽しておしゃれに見せるのが基本です。

だから衣替えも簡単にできるように、押入れ用の収納箪笥《だんす》を購入しました。これがすごくいいんです。押入れの奥行の深さを利用して、引き出しが奥と手前に2段で入るようになっているんです。だから冬だったら冬物の引き出しを前にして、夏物の引き出しを奥へ。衣替えのタイミングになったら前後を入れ替えるだけ。ね、すごいでしょ。

今は便利なものがたくさんあるので、そういったご利益《りやく》にあずかりな

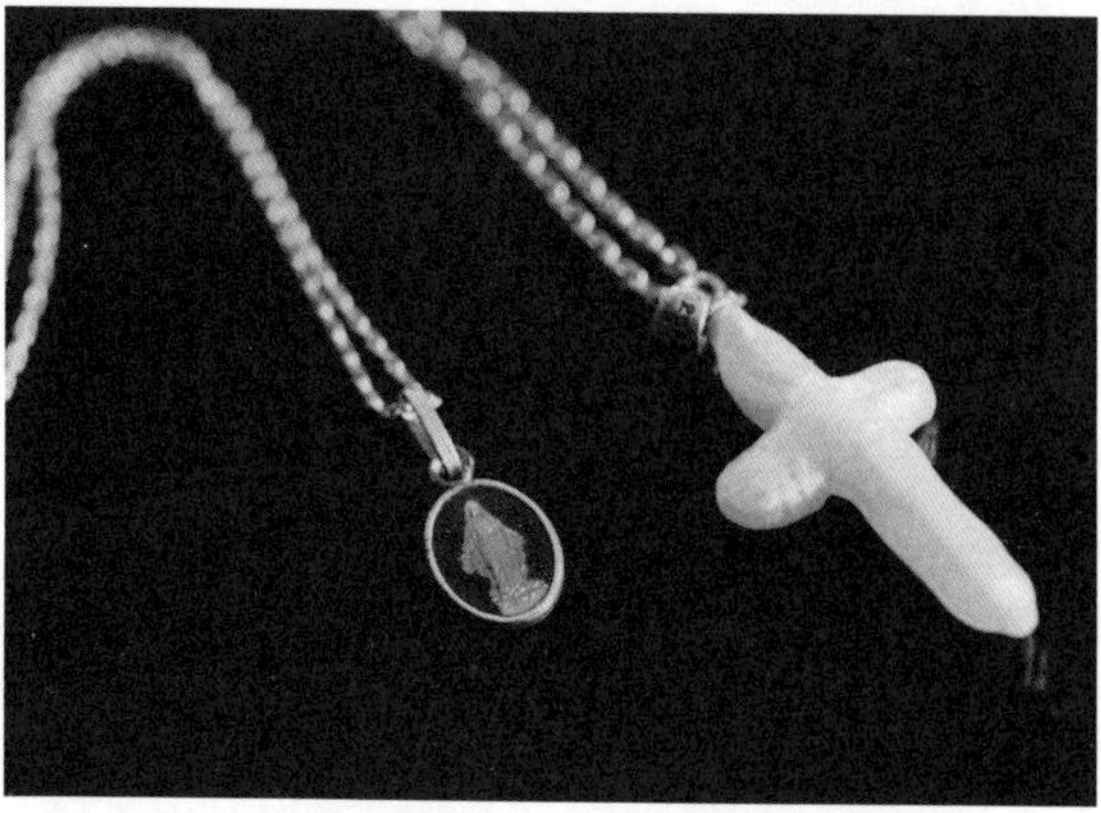

マリア様のネックレスは、フランスへ旅行した際に現地の教会で購入、パールのクロスのものは、娘からのプレゼントです。

がら、おしゃれを楽しませてもらっています。
本当にいい時代になりましたよね。

第４章

戦争は絶対に、絶対に、二度と起こさないで

私は戦争体験者。
だからこそ伝えていきたい

この本を読んでくださっているのは、戦争を知らない年の方が多いのではないかと思います。ですので、あくまでも私自身の体験であり、自分が感じたこと、考えたことではありますが、戦争体験者としての思いを少しだけ書いておきたいと思います。

太平洋戦争が始まった時、私は9歳でした。今でいう小学校3年生です。当時のことははっきりと記憶に残っています。

戦争が始まって、いきなり生活が急変したというわけではありませんでした。戦争が始まったことは親から聞いていたけれど、「今は戦争中なんだな」と強く実感したのは2年くらいたってから。約3年8カ月ほど続いた戦争の中頃になりますね。その頃から物がどんどんなくなっていきました。

物がなくなるっていうのは具体的には食べるものがとにかくないということ。実家は農業をしていたわけではなかったので、本当に何もなかったんです。庭の端で作っていた野菜が少しあるくらい。

そのうち日本全土で、お米がない、味噌《みそ》がないとすべて足りないから、全部配給制になりました。お米は「米穀通帳」というもので管理されていました。子どもたちの名前も全員書いてあり、何人家族かがわかるようになっていて、それによってお米が買えるシステムになっていました。

お米だけではありません。お味噌もお塩もすべて配給です。でも家族分をすべてまかなえるような量では到底ありませんでしたから、子どもたちは全員お店に買いに行かされました。タバコを買いに行く人、味噌を買いに行く人という具合に分散して。すぐ下の妹まで行かされましたね。それでも、お金があっても買えない時代でしたから、いつもひもじい思いをしていました。

　こうやって書くと「大変だったね」と言っていただくこともありますが、一番苦労し、大変だったのは私たちの親の世代だと思います。もうその世代で生きている人はほとんどいませんから、お話を聞くことはなかなか叶わないけれど。生きていれば、現在（２０２２年2月）の日本最高齢、田中カ子《かね》さん（１１９歳）ぐらいの年齢になっているはずですから（※）。

恵まれた自然を目の前にするたびに、この平和な世の中がいつまでも続いて欲しいと心から願うのです。

※2023年11月現在、日本最高齢者は変わっています。

本当の戦争は悲惨そのものです

当時は国全体をあげての〝洗脳〟のような状態でした。私も「絶対に日本は戦争に勝つ」と疑うことなく信じていました。そういうふうに叩《たた》き込まれるんです。学校へ行けば天皇陛下の写真が飾ってあり、先生が「天皇陛下が」とおっしゃったら、すぐに立ち上がらなければなりません。どこの家へ行っても、天皇陛下やご一家の写真が鴨居《かもい》にずらっと並んでいて。だからもう8歳や9歳ぐらいで、「お国のためなら」と疑問も持たずに思っていました。ふだんは親の言うことを聞かなくても、「お国のためにならないよ」と言われたら従っていましたから。当時、天皇陛下は神様に近い存在でした。そういう時代でした。

学校ではいちおう勉強を教わっていましたが、体育の内容は、男の子は竹槍《たけやり》、女の子は薙刀《なぎなた》の訓練。バケツリレーもやりましたね。上の学年になると学校工場で戦争に使う部品を作らされていました。私ぐらいの年の子どもたちは学校工場で働かない代わりに、息子さんを兵隊に取られてしまって人手不足のお百姓さんの家へ手伝いに行かされるんです。稲刈りとか草むしりとか。でも私はそれがちょっとだけ楽しみで（笑）。なぜなら白米のおにぎりがもらえるんです。いつもは芋粥《いもがゆ》みたいなのをすすっているわけですから、それはすごいごちそうでした。

戦中・戦後は衛生環境もひどかったです。実家は下駄製造屋だったのでお風呂にはなんとか入れたものの、お湯をジャブジャブ使えるわけではないし、清潔とは程遠いもので、誰もがシラミやノミだらけでした。だって下着を洗う石鹸もなければ、歯磨き粉もないのです。だから歯磨き粉の代わりに、かまどの灰を指に付けて磨いていました。

学校の朝礼でも、前の人の頭からシラミやノミが出てくるのが見えるのです。そうするとＤＤＴ（殺虫剤）の白い粉を噴霧器で頭に振られて。

近所の男性たちも、たくさんの人が戦地へ連れて行かれました。当時、兵隊に取られる前に徴兵検査で甲・乙・丙・丁と分けられていました。甲が一番良くて「甲種合格」「乙種合格」……と。甲の人は健康で元気だから、真っ先に徴兵されて、もっとも危険な戦地へ連れて行かれてしまう。甲・乙の人は、ほとんど戦争に持って行かれてしまいました。

戦争末期の特攻隊なども本当に気の毒でした。日本はどれだけ若くて優秀な人たちを失ったかわかりません。

私の父はヒョロヒョロで「丙」、さらに兄は徴用で軍事工場へ行っていたので、幸いにもうちは誰も戦地へは行きませんでした。

防空壕《ぼうくうごう》は各家庭にありました。自分たちの手で掘るんです。だからといってもお粗末で、今考えるとかえって危険ですね。あんなところへ何人も入って、そこへポンと爆弾を落とされたら、一巻の終わりです。家のなかにいたほうが安心なくらい。それでも、防空壕へ入るように言われているから、従わざるをえませんでした。

　私は田舎暮らしだったので、空襲はしょっちゅうでしたが、幸いにも爆撃にはあっていません。でも学校にいてサイレンが鳴って、家に帰されることは多かったです。B29とか敵機がウーっといって上空を旋回しているのも、焼夷弾《しょういだん》が投下されるのも、それでケガをした人も見ました。たったそれだけでも、小学生の私の目にはしっかり焼き付いています。


　日本が戦争に負けて、玉音放送が流れた時、私は女学校の1年生でした。12歳です。放送は聞き取りづらいし、正直よくわからなくて、「え、何があったの?」という感じでしたが、姉や上級生たち、先生はみんな泣いていました。

　でもその涙が悔し涙だけだったのかはわかりません。ホッとしたのもあると思います。「やっと終わった」と。

当時、光が漏れると狙われると言われていて、戦時中は「灯火管制」という政策がとられていました。家の明かりの裸電球すべてに黒い覆いをして光が漏れないようにするのです。だからずっとその薄暗いところでご飯を食べて、靴下の穴を繕ったりしていました。そんななかで足袋《たび》までも作りましたね。着物の帯をほどいて、帯の芯を足袋の底にして。

でも終戦のその日から、黒い覆いが取れました。明るい光の下で生活できるようになったのです。

あえてツイッターで伝える意味とは

だからといって、戦争が終わったからすぐに生活が良くなったわけではありません。

生活がある程度戻るまでは何年もかかりました。

終戦当時、私は女学校に通っていましたが、女学校には遠くから自転車で通っているお百姓さんの家の娘さんもいて、その中に何合かのお米を持ってくる子がいました。お煎餅屋さんにそのお米を持っていくと、お煎餅と交換してくれるんです。それをみんなで、分けて食べていました。いわゆる物々交換ですね。

当時、物々交換は当たり前で、都会の人が着物や掛け軸といった家にある高価なものを持って田舎のお百姓さんの家へ行き、お米1升、2升に交換してもらうのです。だから、「え?」というような意外なものがお百姓さんの家にあったりもしました。

戦時中、戦後とはそういう時代だったんです。でも戦争を経験していないとピンとはこないと思います。だからこそ、戦争体験をきちんと継承していかなければ、という気持ちがあるのです。

私は毎年8月15日近くになると、戦争にまつわる内容を10個ぐらい連続でツイートしています。若い人がたくさんいらっしゃるツイッターという場で書くことに意味があると思っているから。

私の姉は戦争当時、学校工場へ実際に行っていたので、小学校からの招きで、戦争体験者として何度か講演しに行っています。そこで食べ物がなくてご飯が食べられなかったという話をした時に、「パンを食べればいいのに」という反応があったと聞きました(笑)。

この平和な世の中で、戦争について、その重さについて、理解するのは難しいことかもしれません。でも、「戦争は絶対にダメ」「こんなにも辛いよ、苦しいよ」ということだけは伝えていきたい。

戦中・戦後のあの不幸を二度と繰り返したくない。だからこそ、私は8月には戦争についてツイートし続けたいと思っています。

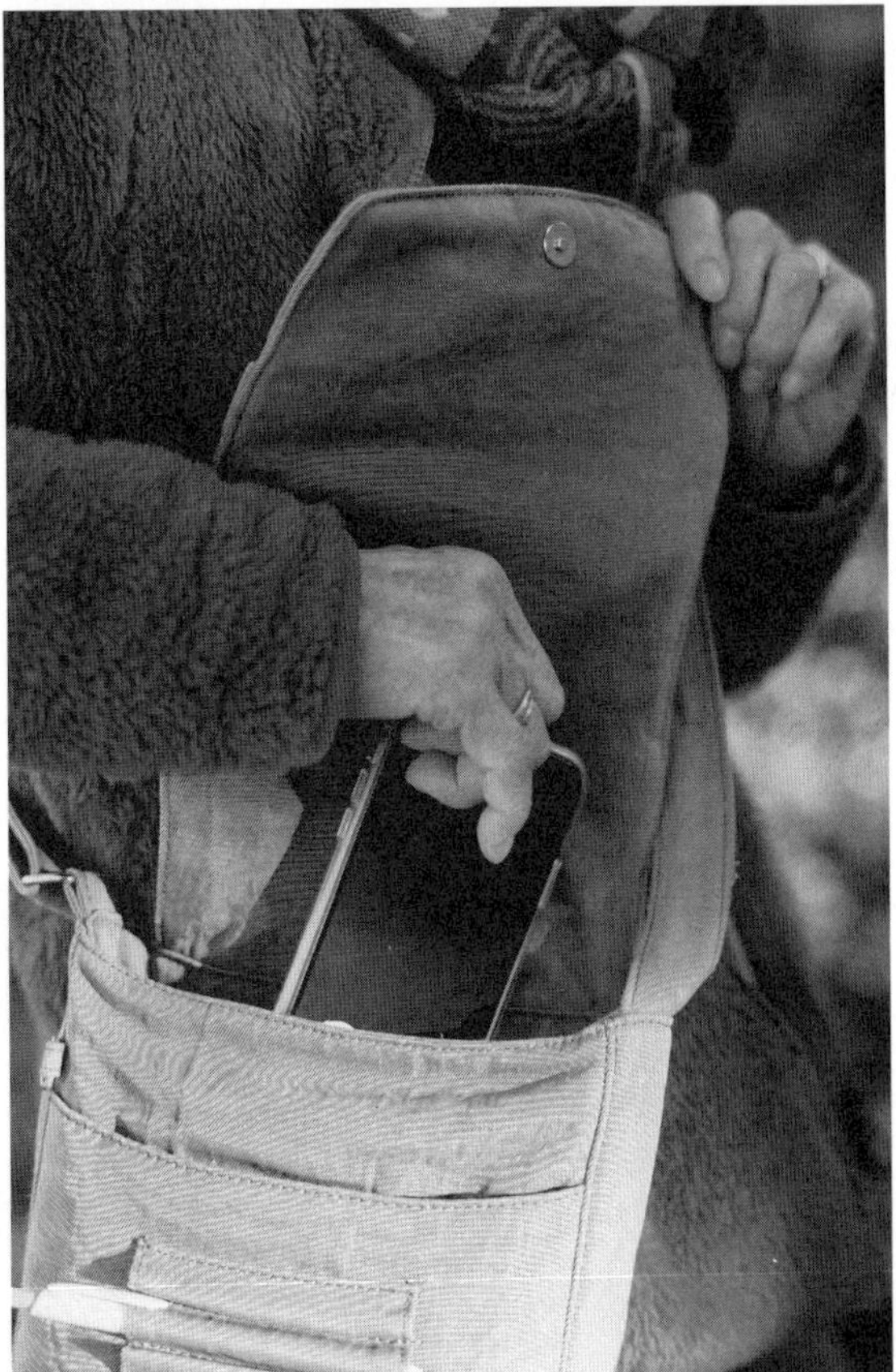

大崎博子ツイート43選　其の三

osakihiroko
@hiroloosaki

終戦か敗戦か？ アメリカへアタックしたのは日本からであったのは事実。戦争に負けたのも事実。終戦という記述よりも敗戦との記述の方が妥当ではないだろうか？ 強烈に……

強烈に戦争への抵抗感をうませるためにも敗戦記念日との名称へ変えるべきかと思います。私は敗戦としています。まさに敗戦！

9:42・2021/08/15

osakihiroko
@hiroloosaki

戦争中に発行された赤紙です。戦争がたけなわになると、染料が不足しピンク色になりました。この赤紙で幾らでも人を集めることが出来ました。どんな事があっても戦争はあってはなりませぬ‼

私は戦争体験者です。戦争大反対。

11:22・2020/08/15

osakihiroko
@hiroloosaki

小学3年で戦争勃発。10歳くらいなのに軍国少年少女達でした。

『お国の為なら』と幼いながらも
色々しました。慰問袋作り、出征兵士の見送り、千人針作り。

出征する時は日の丸の小旗🇯🇵を持ち『万歳万歳』と。

子供なりに忙しかった。外遊びも沢山しましたよ。神風が吹いて日本は戦争に勝つと信じていました。

19:16・2021/10/29

osakihiroko
@hiroloosaki

私が小学校の3年の時に、戦争が勃発しました。学校の体操の時間は、なぎなた竹槍、バケツリレー等、消火訓練や敵に会った時の訓練等。敵に会った時に竹槍で相手を突く……

今考えると笑えます。だってアメリカでは原爆を作っていたのですよ！でも皆一生懸命でした。戦争は勝てると信じていたのです。

11:44・2021/02/26

osakihiroko
@hiroloosaki

小学校3年で戦争勃発。

歌は小学唱歌が時々、戦争たけなわになると軍歌でした。

今でも殆どの軍歌は歌えます(笑)。

ラジオから流れる大本営発表の前後に士気を高める為の軍歌……何にも無い無い時代でした。

11:45・2021/08/15

osakihiroko
@hiroloosaki

戦争中、金属回収令によって学校の鉄棒やブランコの鉄の部分、お寺の鐘等が回収されました。家庭の鍋・釜・貴金属なども回収させられた。

父が大事にしてた懐中時計までも、手放す時の父の顔も忘れない。鍋釜で武器を作る!?　誰かが儲けた筈ですね。その頃アメリカさんは原爆を作ってた！　勝てる訳ない。

13:29・2021/08/15

osakihiroko
@hiroloosaki

私の姉は女学校で挺身隊として
「神🇯🇵風」の鉢巻をして、学校工場で働かせられました。16歳でした。
飛行機の部品を作っていたそうです。17歳の兄は徴用工として働かせられていた。私は兵隊に取られ、男手のない農家に手伝いに行きました。(農家の子は自分の家の手伝いです)「欲しがりません勝つまでは」でした。

9:59・2021/02/25

osakihiroko
@hiroloosaki

ラジオしかない戦争中に流れてくる『大本営発表』。勇ましい軍歌が前後にあり、日本が敵をやっつけた、神風が吹く……、日本は勝つ、と連日の大本営発表でした。皆信じてました。戦争反対らしい事を言うと憲兵さんに連れて行かれた。戦争はあってはなりませぬ。当時アメリカでは原爆を作っていた。

13:47・2021/08/15

osakihiroko
@hiroloosaki

戦時中の日本はないないづくし。食べ物、着る物、履くもの、何もかもがなかった。全て配給制度、お米は米穀通帳があり身分証明書になった。
召集令状の赤紙でさえ、染料がなく、だんだん薄色のピンク色になったそうですよ。戦争に勝てるわけないない！（体験者以外は想像出来ないと思う）戦争大反対‼

17:43・2021/08/15

osakihiroko
@hiroloosaki

戦争を美しく語るものを信用するな！
クリント・イーストウッド

12:13・2021/05/05

osakihiroko
@hiroloosaki

戦争勃発は私が小学校３年生でした。最初の頃はあんまり変わらずの生活でした。体操服が白いと、上空から敵機が見つけやすいとの事で、茶色や黒、紺色等と染め粉を買って染め、迷彩服にして着ました。空襲警報が鳴ると家に帰り防空壕に入りました。防空壕は何処の家にもあったけど今思うと危険でした。

11:19・2020/08/15

osakihiroko
@hiroloosaki

戦争中、私の身内には戦争で亡くなった人が誰もいません。私小学生の時には、それが肩身の狭い感じがしてた。後で考えると凄くラッキーな事でした！

18:26・2021/12/12

第5章

1カ月の生活費は10万円ちょっと

お金に対する考え方と家計簿代わりの日記

お金の話は正直苦手です。ちょっと無粋な気がしてしまって。娘にすら具体的には話していないと思います。でもきっとこの本を読んでくださっている方のなかには、ご自身の老後のためにも知りたいと思っていらっしゃる方もいますよね。だから少しだけお話しできたらと思います。

私は若い頃からわりと苦労してきたせいか、お金をかけなくても心豊かに暮らす方法はよく知っています。もちろんお金に悩んだり、先のことを不安に思うのは後々の健康にも響くと思うので、そういう不安があるならば取り除くべきです。でも基本的には、必要最低限のお金さえあれば、十分幸せな老後を過ごせるのではないかと思っています。

実際に私は大金とは無縁ですが、毎日これ以上ないほど楽しく過ごしています。でもそれは、今のところは幸いにも健康だからというのもあります。病気はお金がかかりますし、気分も落ち込んでしまいますから。なので、年をとったらお金よりも健康こそが、何よりの財産なのかもしれないなとよく思います。

私は、家計簿はつけていませんが、日記は毎日つけています。これは70代でがんの手術をした時からずっと続けている習慣です。とはいっても長々とした文章を綴《つづ》るのではなく、本当に一筆です。毎年購入している教会の手帳に、その日あったことをほんの一言と、１０００円以上の買い物をすべてそこへ記すだけ。これが私の家計簿代わりにもなっているのです。毎月きちんと計算するわけでもないので、この程度でこと足ります。

でもきちんと記録しておくことで自制心も働きますし、なんとなくお財布事情も把握できています。大した収入も出費もないので、年をとったらこのくらいでも十分管理できるのです。

ところ狭しと文字が並んだこのノートは、私にとって日記帳であり、家計簿でもあるのです。

毎年、教会で購入している日記帳はすべてきちんと保管してあります。これは私の記録なのです。

ざっくりですが
月10万円ちょっとの生活費の内訳

娘が中学校を卒業したあたりでしょうか。苦しいなかからなんとか少しずつ貯金をして、生活を立て直して、港区港南の都営住宅団地に入りました。でもそこも老朽化が進み、建て直しが決まったので、優先的に今の都営住宅団地へ移ることができました。都営住宅団地なので、家賃は収入で決定されます。私の場合は収入もないし、高齢者であることも考慮されるため、とても安いんです。家賃は、生活費の中で占める割合がとても大きいでしょう？　30％が理想といわれていますよね。だからその点ではとても助かっています。

食事は、基本的に自炊していますが、既製品も買います。何が何でも手作り！　と意気込んで疲れてしまったり、ストレスを抱えてしまったら元も子もないですから。〝無理をしない〟、それが一番大切だと思います。

スーパーが近い距離にあるので、一度買い物をしたらなるべく控えようとは思うものの、何かと寄ってしまいます。散歩も兼ねて週に4回くらいは行くかもしれません。それでも外食をしないかぎり、食費はだいぶ抑えられます。


私の場合は呑み代が月1万円くらいかかっています（笑）。晩酌として缶ビール1本で抑えようとしているけれど、足りないんですよね。缶チューハイとかハイボールとかも呑んじゃう。それから、ワインも3日で1本くらいは空けてしまうから。

苦肉の策として、ワインはたまに安くなる時を見計らってまとめ買いするようにしています。まとめ買いといっても4本くらいしか持てませんが、自力できちんと持ち帰っています。

具体的な金額でいうと、食費が3～4万円、それからカードの引き落としがやっぱり3～4万円程度あって、光熱費のほか通信費が8000円前後。そのほか細かい出費があって、家賃を含めてだいたい10万円ちょっとになります。それをなんとか年金でやりくりしています。

私は70歳まで、衣装アドバイザーとして働いていました。その時に老後を見据えて、コツコツ貯金をしていました。昔は預金金利が高くて、銀行に100万円預ければ10年後には200万円になっている、なんていう時期もあったんですよ。

今は年金と、その頃の貯金を切り崩しながら生活をまかなっている感じです。貯金はだいぶ崩してしまいましたが、そんなに不安はありません。なぜなら、この先10年、20年持ちこたえなければ、という年でもありませんから。

急な出費、大きな買い物の対処方法

たとえば、家電が壊れてしまった時、私はせっかちなのですぐに電気屋さんへ行って、勧められたものを買ってしまうんです。でもそれを娘に報告すると、「どこどこだったらもっと安く買えた」とか、「こっちの商品だったらこんな便利な機能が付いていて同じ値段だったよ」などと言われてしまいます。娘は私とは真逆で大きな買い物をする前にきちんと調べて、絶対に失敗しないタイプ。

だから今、家電など少し大きな買い物する時は、欲しい商品のリンクを一度娘に送っています。それを娘に確認してもらい、ＯＫをもらってから購入するようにしています（笑）。そうすれば失敗もなく、安心できますから。

健康な体で、いつでも外に出かけられて太陽の光を浴びることができる。これが何よりもの贅沢なのかもしれません。

急な出費の時は、貯金の出番です。必要経費は仕方ないので、えいっと下ろして使います。そのための貯金ですものね。とにかくストレスが溜まらない生活を心がけていて、それはお金に関しても同じことなのです。贅沢《ぜいたく》はしませんが、無理もしません。これは私の人生において、一貫していえることかもしれません。

遺産というほどのものではないけれど

住んでいる部屋は都営住宅団地ですし、不動産も特別な財産も何も持ってはいませんが、娘にはわずかでもお金を残してあげられればとは考えています。

もし私が病気で入院するなど何かあれば、ロンドンに住んでいる娘は、ロンドンと東京を何度か往復せざるをえないかもしれません。いくら安いチケットを買ったとしても、往復の飛行機代だけで数十万円にはなってしまうので、そういうお金を使わせたとしても、少しはおつりがくるくらいのものは残していければと。

遺産というほどのものはないけれど、せめてそれくらいはと思うのは、親心というものでしょうか。

第6章

お金がなくても心豊かに暮らすために

都営住宅の2DKが私のお城です

20年ほど前から練馬区石神井公園にある都営住宅団地の一室でひとり暮らしをしています。間取りは2DKで57㎡、新築に入居することができました。ダイニングとベッドルーム、テレビの置いてある和室という造りです。年寄りがひとりで暮らすには十分な広さです。日当たりが良く、天気のいい日は真冬でも暖房がいらないくらい。私のほかにもご高齢の方が多く住んでいるから、お友達もたくさんいます。

家の中はできる限りシンプルにしています。飾りたいものは、玄関だったり、箪笥の上だったりと、コーナーにまとめて飾り、メリハリをつけるようにしています。

細かいお掃除はこの年になってくると大変なので、「使ったら元の場所へ「戻す」を徹底していて、キレイな状態を保つようにしています。そうすると日々の掃除もぐっと楽になります。

あと私はテーブルクロスといった布ものも大好きなので、季節に合わせて替えています。そうすると部屋の雰囲気ががらりと変わって楽しいのです。このお家の中で、美味しいお酒を呑みながらおつまみをつまみ、ネットフリックスで韓国ドラマを観る時間は本当に幸せです。テレビの前にあるテーブルを冬はこたつにして、その中に入って一杯なんていうのも最高ですね。

家から徒歩20分ほどのところには四季の彩りが美しい石神井公園があり、その季節ごとのお花を眺めながら散歩するだけでも生きる活力が湧いてきます。歩いて1分のところには大きなスーパーもあるので、日々の買い物にも困りません。

終《つい》の住み処《か》として、こんな素敵な部屋に住めていることに心から感謝している毎日です。

できるだけシンプルにまとめた寝室のインテリア。窓際のランプがお気に入り。こちらも日がサンサンと入り、気持ちのいい空間に。

ダイニングのテーブルクロスやクッションカバーは季節ごとにチェンジ。テーブルの上のトレーも夏は籐のものに変わります。

日当たり良好。冬はこたつに入りながらネットフリックスを楽しむ和室です。

ネットフリックスで韓国ドラマを観ている時間は至福

昔々、もう20年も前のことですが、日本で韓流ドラマ『冬ソナ（冬のソナタ）』が大流行したことがありました。あの頃、私はイ・ビョンホンが好きで、韓国ドラマにハマったのもその頃からです。アマゾンのファイヤーTVスティックをセッティングして、ネットフリックスにも入り……。全部自分でやりました。

韓国ドラマは、ロンドンに住んでいる孫も大好きで、だからドラマの話をすると親子三代で盛り上がります。「『SKYキャッスル』よかったね」とか。そう、なかでも『ナビレラ』は本当におすすめです。韓国ドラマであんなに泣けるのは珍しいです。私は途中で涙が止まらなくなりました。バレエダンサーのお話で、日本人が大好きなストーリーだと思いますよ。

『イカゲーム』は、第1話を観て、第2話を観始めて、「うーん、あまり好きじゃないかも」と思い一度観るのをやめたんです。暗い感じがしたので。でも、気になって気になってダメなの。だからまた観ることにしました。そうしたらもう観ないといられない。「いったい続きはどうなるんだろう?」と。結果、すごく面白かったです。イ・ビョンホンが出てきた時はびっくりしてしまいました。

そのあと『マイネーム:偽りと復讐《ふくしゅう》』というドラマを昨日から観始めたのですが、これもとっても面白いんです。『わかっていても』の女優さん、ハン・ソヒが体を太らせて、すごいアクションをするの。ヤクザと警察が絡み合う復讐劇です。

ネットフリックスで観るのは韓国ドラマがほとんどですが、今はときどき中国の『三国志 Secret of Three Kingdoms』を観たりもします。これは50話以上あって一気には観られないので、途中でやめて違うドラマを観て……とあっちこっち楽しんでいます。

ネットフリックスの話になると、止まらないわね（笑）。

大好きなドラマを観て、泣いたり笑ったりすることは若さを保つ秘訣の一つのような気がしています。年をとってくると、どうしても表情が乏しくなるでしょ？　それを防ぐのに一役買ってくれているんじゃないかなと勝手に思っているんです。

東方神起、ＢＴＳ、大好きです！

今から17～18年前でしょうか。当時、東方神起は5人グループだったのですが、その頃に娘が「いいわよ、いいわよ、観てみて！」と言うので、観ているうちに私もファンになってしまいました。メンバーの仲が良くて、踊りがとても上手で。アルバムはほとんど持っています。本が出れば予約して買っていました。カレンダーとかグッズも、ひとりで新大久保へ買いに行っていました。

当時購入した何年も前の東方神起のカレンダー、全員の写真が載っているものだから、どうしても捨てられなくて、ずっと手元に置いてあります。今でも当時の曲を聞いたり、ＤＶＤを観ると元気になれるんです。

今でも手元に置いてある東方神起の雑誌やCD。
なかなか手放せないものですね。

脱衣所にはCDラジカセを置いて、好きな音楽を
聴きながら毎日入浴を楽しみます。

今は、これも娘の影響ですが、BTSが好きです。気分が乗らない時は2時間ほど、テレビでBTSのライブ映像を流しっぱなしにしていま す。ボリュームを上げて、ね。そうするとやっぱり元気になれます。

今でも娘の家からは随時最新情報が入ってきます。「NCT」という、日本人の大崎将太郎（2023年11月現在は脱退）さんと中本悠太さんが入っている韓国のグループがあり、そのなかの「NCT DREAM」という7人のユニット、20歳の孫はこれが好きなんです。「すごくいいから観て」と写真やリンクが送られてきます。すると、「ここが良かった」とか、「あの人がいい」とか、返事をしないわけにはいきません。「誰が好き?」って聞かれちゃうので、メンバーの名前も全部覚えましたよ（笑）。

BTSだって、最初は名前と顔が一致するまで1週間かかりました。カタカナがなかなか覚えられないんです。でも、こういう時は、「脳トレにもなるな」と思えばいいんですよね。頭なんてボーッとしていたら衰えるばかりですから。なんでも前向きに楽しんでみる。面倒がらずに娘や孫の言うことを聞いてみて、気がついたら自分もファンになっていて、元気をもらえているなんて、いいことずくめじゃないですか。

ちなみに韓流びいきというわけではないですよ。日本人だとさだまさしさんが好きでよく聴いています。大昔は石原裕次郎さんが好きでしたが、自分も高齢になったからでしょうか。最近は若い人を観て、若いカルチャーに触れたいと思っています。

私の年になると、チケットを取って、外へ出てライブ会場まで足を運ぶほどの元気はさすがにありません。だから、一〇〇〇円もしない金額で、ドラマや大好きなアーティストのライブまで観放題という動画配信サービスは本当にありがたいかぎり。ユーチューブなら無料ですし、そのユーチューブだって今は大きいテレビ画面で観ることができます。本当にいい時代ですよ。長生きして良かったなとしみじみ思います。

白内障の手術をしたら毎日がぐんと楽に

私はあまり「暇を持て余す」ということがないかもしれません。お花を生けるのが好きなので、水を替えたりとか、マスクや小さな台布巾を作ったりとか、何かしらちょこちょこ手を動かしています。

裁縫ができるようになったのは、数年前に白内障の手術をしたからです。メガネなしでも針に糸を通せるようになりました。

白内障の手術は、今悩まれている方がいるなら本当におすすめします。もっと年をとってから、「メガネどこ?」ってなるのはきつそうですし、毎回探すのもひと苦労です。でも裸眼で見えていれば、そういう煩《わずら》わしさもなくなります。手術費用も、保険適用で昔より断然安いですし、時間も30～40分もあれば終わるんですから。

姉にも「あと何年生きるにせよ、メガネなしの生活はとても快適。絶対にやったほうがいい」と勧めて、姉は90歳で手術しました。「よく見える」と、今は彼女もとても喜んでいます。

昔は遠近両用のメガネをずっとかけていました。今は、老眼がすべて解消されたわけではないのでときどきかけますが、せいぜい5分程度です。老眼鏡はほとんど使わなくなりました。メガネをかけていた頃はちょくちょく最新のデザインのメガネをチェックしにお店をのぞいていたけれど、そういうこともしなくなりましたね。長い目で見れば経済的にも良かったということです。

テレビを観ながら手仕事をするのも楽しい

視力が良くなり、何よりも嬉しいのは、やはり裁縫を億劫《おっくう》がらずにできるようになったことです。裁縫をすると、生活に張りが出ます。何かを作り出すからかもしれません。

最近よく作るのはマスクです。とっておいた昔の反物も、ずっとしまっておくと「押入れ焼け」といって変色してしまいます。それはあまりにももったいないので、シルクですが一度洗って、わざとアイロンをかけず、シワ加工したような状態にしてから手縫いでマスクを作るんです。シンプルになりすぎないように、刺繍《ししゅう》の飾りも縫い付けて。一つ作るのに1時間半ぐらいかかるでしょうか。

マスクは、人様から何かをいただいた時などにお返しとして差し上げると、とても喜んでいただけます。コロナ禍が落ち着いたとしても、しばらくマスクは必要になるでしょうから、テレビを観ながらときどき作っています。

カーテン用の余った生地を安く買ってきて、テーブルクロスやテーブルランナーもよく作りますね。ちょっとした敷物が大好きなんです。いっぱい持っているので、季節ごとに変えてはその雰囲気を楽しんでいます。

あとは着なくなった巻きスカートをバラして、ちょっとした目隠し用のカーテンにしたり、古くなったタオルを三つ折りにし、カラフルな刺繍糸で縫って、可愛らしい台布巾を作ったり。用途が変わっても可能な限り使ってあげたいので、リメイクをしています。

裁縫は手先を使うので、脳のためにもいいはずと密《ひそ》かに思ってもいます。

反物に洗いをかけ、刺繍の飾りを縫い付けて。こだわりポイントは、裏地にすべて違う布を使ったこと。

和室のこたつの上にさりげなく手作りテーブルランナーを。お花を飾れば、なんとも素敵な雰囲気に仕上がります。

お花のある暮らしは心が平和になります

20代の頃、池坊《いけのぼう》をやったり草月流《そうげつ》をやったり、いちおう華道をかじってはいます。昔は、お裁縫ができること、お花が生けられることが「嫁入り前のたしなみ」の一つだったのです。でも、意識はしていませんでしたが、お花はもともと好きだったんだと思います。お稽古は楽しかったですし。だから〝三角に生ける〟といった基本だけは習得していて、あとは我流です。好き勝手にやらせてもらっています（笑）。

お花の名前に関しても全然詳しくはないんです。お花の写真をツイッターにアップする時は、花の名前をｉＰｈｏｎｅで検索してからアップするようにしています。間違った名前を書くと、「違うよ」と言われてしまいますから。写真に撮った花を検索するのはとても簡単ですしね。私自身もその都度覚えるので、ツイッターを始めた頃よりも、だいぶお花の名前に詳しくなりました。

お花は大好きなんですが、お花の種類にはこだわっていません。この都営住宅団地にはフリースペースがあって、住民が各々好きな植物を植えているので、そこから一本いただいてきて飾ったり、その辺の道端《みちばた》に生えている野草をちょっと折ってきて、一輪挿しに挿したり。お花を買うことはほとんどありません。

その代わりというわけではないですが、花瓶は好きで、たくさん持っています。

でも花瓶も見た目が好みであれば、何でもいいんです。古道具屋さんで売っているもので「ちょっといいなぁ」と思ったら買う。決して高価なものには手を出しません。お友達から誕生祝いでいただいたものなど

お気に入りの花瓶はお花を生けていなくても、飾っています。キレイな柄や色にうっとりすることもしばしば。

水を入れずに挿してドライフラワーにすることも。手入れもいらず、そのまま飾っておけるので楽チンです。

もけっこうあります。

ときどき、花瓶にお水を入れないで、そのままお花を挿しておくこともあります。束ねてベランダに吊《つ》るしたり。そうするといつの間にかドライフラワーになっていて、それはそれでとてもキレイ。そうやって一年中お花を楽しませてもらっています。

前にも書きましたが、とにかく手を動かすことが大好きで、だから、お水を替えたり、花瓶に生けたりといったことがまったく苦になりません。むしろ、そのお世話している時間は心のリハビリとでもいいましょうか。日の当たるお部屋で、無心になってお花に触れていると、ちょこっとイヤなことがあっても浄化されます。気持ちが整理され、スッキリするのです。

また、美しく整えられたお花が目に入るだけで、幸せな気分になれるので、我が家では、各部屋はもちろん、玄関や洗面台までいたるところにお花を飾っています。

89歳の誕生日には、たくさんのお花をいただきました。いい香りが部屋中に広がって、それはもう最高に幸せでした。こんなに幸せな気持ちになれるのなら、いくつになっても誕生日とはいいものだなと思ってしまいます。何度でもその日を迎えたいと（笑）。

こんなふうにお花からも日々、元気をいただいています。

お店に並ぶ見目麗しいお花はもちろん、道端に咲く素朴で可憐《かれん》なお花まで、そのパワーは相当なもの。「ありがとう」の気持ちを忘れずにその命に感謝して、できるかぎりていねいに、大切に飾ってあげたいと思うのです。お気に入りの花瓶に入れてあげて、ね。

こまごました可愛いものを並べた玄関。お香が好きで、以前は毎日、玄関でお香を薫《た》いていました。

ベランダにはウッドデッキを。日当たりがいいので鉢植えもぐんぐん育ちます。気持ちのいい場所。

大崎博子ツイート43選　其の四

osakihiroko
@hiroloosaki

自分が幸せだと人に優しくなれる❣
自分が幸せじゃないと人を幸せにすることは出来ない！

20:05・2021/07/28

osakihiroko
@hiroloosaki

優しくて居心地のいい人と付き合うには、先ず自分がそうならないと無理だと思う！ 自分磨きが必要です。

18:41・2021/12/21

osakihiroko
@hiroloosaki

やりたくない時にはサボればいい。やる気がない時は見過ごせばいい
いつも真剣だと疲れるし嫌になっちゃうよ。

21:23・2022/01/02

osakihiroko
@hiroloosaki

明日という字は
「明るい日」と書きます ❣

20:38・2021/06/07

osakihiroko
@hiroloosaki

若いうちは何をしなくても若さだけで美しい。年を重ねて構わなくなると、みられなくなっちゃう。
構い過ぎる位で丁度いい！
常に小綺麗に、です。

18:38・2021/12/10

osakihiroko
@hiroloosaki

お母さんが幸せだと子供達も幸せ！ お母さんが不幸せだと家の中が暗く、子供達もハッピーにはなれない！
と思う。

13:44・2021/07/22

osakihiroko
@hiroloosaki

何事にも常識にとらわれず
挑戦することが大事です！
まして若い人達は挑戦して
みて下さい。
喜愛で頑張れ👍

19:01・2022/01/09

osakihiroko
@hiroloosaki

坂には三つあると思う。
上り坂！下り坂！まさか!?
まさかの時に落ち着いて
どうしたらいいか？ の見極
めが必要だと思う！

11:45・2022/01/03

osakihiroko
@hiroloosaki

長寿国日本！
昔にはなかった認知症、一
刻も早く認知症の薬を開発
して欲しい！　あるらしい
のですがあんまり効いてる
とは思えない。心身共に健
康で長生きしたい❣

18:43・2022/01/04

osakihiroko
@hiroloosaki

3日坊主になるのは嫌だか
ら始めないのよ……と聞く
けど3日坊主OKですよ。や
らないよりまし。
また別の事をしてみれば良
い。繰り返してると何か見
つかります❣

19:39・2021/12/30

第7章

終活、始めています

きっかけはひとりだけの写真を撮ってもらったこと

12〜13年前に遺影はもう撮影済みです。着物と洋服と2枚。遺影は飾る時、仏壇の前だけでなく、ほかにもスナップ写真などをお部屋に飾ることが多いんですよね。なので、念のため着物と洋服の2パターン撮影してもらいました。

今私がツイッターのアイコンにしている写真も、実は遺影の一つとして撮影したものなのです。

きっかけは、この団地に写真好きな方がいらっしゃって、「写真、撮ってあげようか」と言われて着物を着た際に、「じゃあ遺影にしちゃおう」と思いついたんです。写真って、旅行に行った時やちょっとした集まりの時に撮ってもらうことはありますが、ひとりできちんと撮影してもらうという機会はなかなかないですからね。

「急に亡くなってしまって、どの写真を遺影に選べばいいかわからない」という話もよく聞きます。それでも、今は一日もあれば複数人写っているスナップ写真から引き伸ばしたりして遺影もすぐに作れるらしいですが、せっかくキレイに撮ってもらえる機会があるなら、早めに遺影を準備しておいてもいいかなと思ったのです。

遺影にかなり若い頃の写真を使っている方もいらっしゃいますが、「え、何、いつの写真？」って周りがびっくりしないように、自分でちゃんと用意しておかないと、と。とはいえ、私の写真もすでに十年以上前のものになってしまいました。でも、その頃でも十分おばあさんだから、そこまで印象は変わらないでしょうし、大丈夫、と思っています（笑）。

ツイッターのアイコンにもしている遺影がこちら。
もう1パターン、洋服を着たバージョンも撮影してあります。

終活は
子を思えばこそ

終活といえば、あとは遺言でしょうか。私には娘ひとりしかいないので、難しい書類を用意する必要はありませんでした。

それでも、私が独身であるということで、詳しい方から「現在までの戸籍謄本を用意しておくといい」と言われました。遺産の分割はないけれど、貯金などの相続自体には必要だから、と。なのでそれはもう10年以上前に、出生地の下妻から全部取り寄せています。

調べるとほかにもいろいろな必要書類がありました。引っ越しした経歴が記録されているもの（戸籍の附票）だったり。ずっと同じ場所で暮らしているご夫婦の方は1枚か2枚で終わるのかもしれませんが、離婚歴があったり、引っ越しを何回もしていると何枚にもなるので、それを用意するのはちょっと大変でした。

それもすべて娘にきちんと相続するために必要な手続きだと思って頑張りました。書類をきちんと揃えておかないと、私の口座などが凍結されたままになってしまうこともあるようで。大した金額ではありませんが、元気なうちに準備はしています。

最後にお墓問題ですが、私はクリスチャンなので、納骨できる場所をもう何十年も前に教会に買ってあります。何もしていなかったら、お骨をどこへ置いたらいいかわからないだろうなと思って。娘が近くに住んでいれば、とりあえず家に、となるのかもしれませんが、ロンドンまで骨を持って帰れませんものね。だから、どうしても骨を納める場所が必要だったんです。

そして教会が50年か100年、面倒を見てくれるという永代供養……要するに維持費ですね。それも支払い済みです。

いつ死んでも行くところがある、というのは、気持ち的にもかなりスッキリします。

終活って結局は、子どもに迷惑をかけたくないという気持ち、ただそれだけではないでしょうか。

立つ鳥跡を濁さず。

それが「高貴香麗者」のマナーであると思うのです。

残るただ一つの悩みは大好きな着物の行く末

終活で今、私が一番悩んでいることは、着物の整理です。一度知り合いに風呂敷2枚分持って帰ってもらったのですが、まだ何枚か気に入っていた着物が和箪笥《わだんす》に残っています。

娘にも訊《き》いたのですが、「いらないよ」と言われてしまいました。着付けもできないし、ロンドンじゃそうそう着る機会もないから、と。でも私が困っているのを知って、「じゃあその着物からクッション・カバーを作ろうかな」とは言っているんです。大島紬《つむぎ》あたりを2枚ぐらい持って帰って。いずれにしても、娘は自分で着ようという気はいっさいないようです。実際、海外で着物を着ようと思ったら高くつくのかもしれ

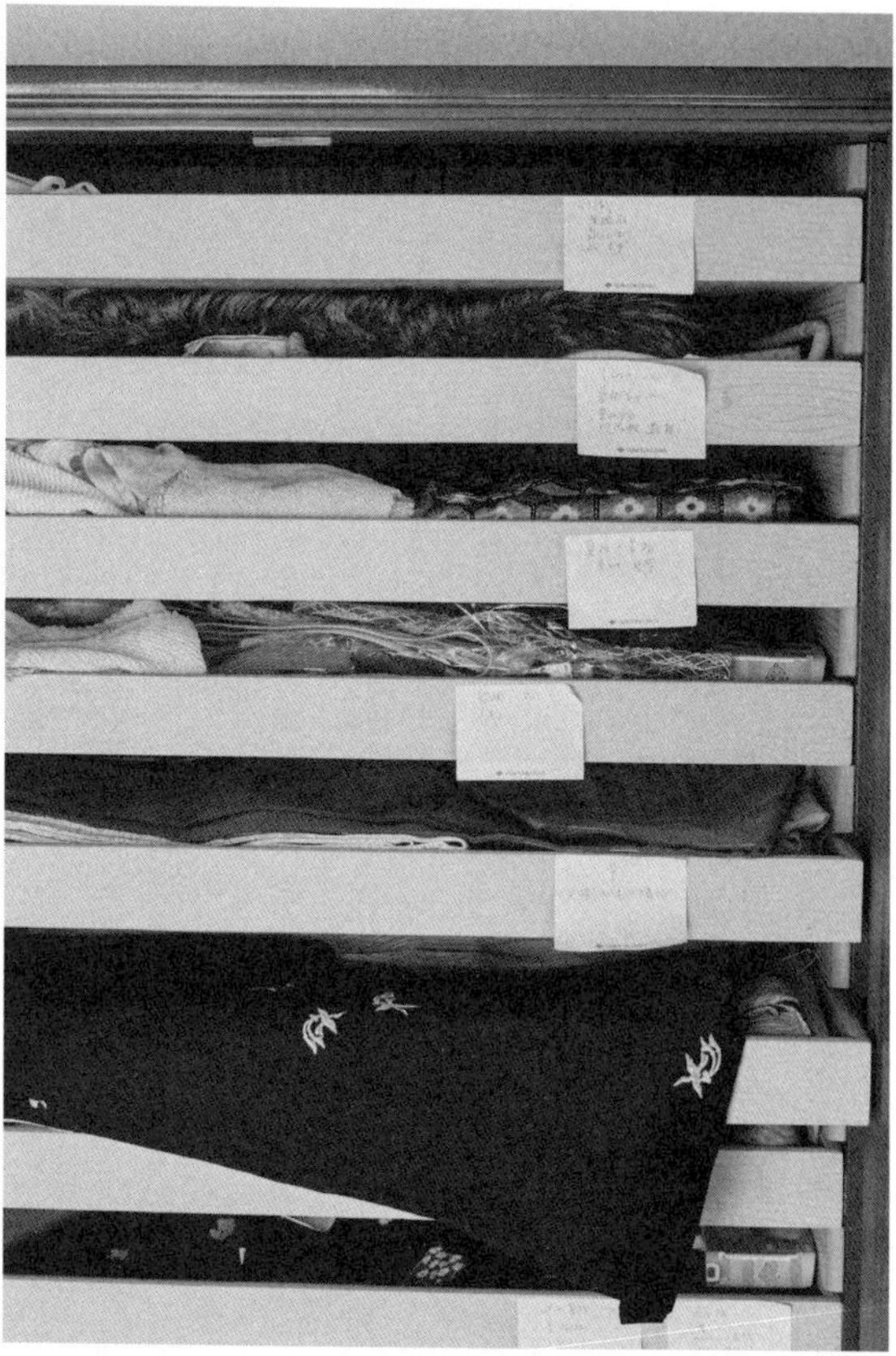

お気に入りの着物は、桐の引き出し式の和箪笥に収納。年をとってくるとやはり着物より洋服のほうが何かと楽なのです。

ません。着付けをしてもらって、髪をアップして……なんてやっていたら、洋服のいいのが買えてしまいますからね。「だったらいらないわ」という感じなのでしょうが、非常にもったいない……。

今、テレビでコマーシャルをやっているでしょ、着物の買い取りしますって。知り合いが2人くらい、呼んで見積もりしてもらったら、着物何点かで300円だったと聞きました。悲しい。悲しすぎるの。簞笥ひと竿《さお》で5000円だったりね。だから処分できないんです。買い取り額があまりに見合っていないので。帯揚げ一本買えない額ですよ。

どなたか着られる方に引き取ってもらうのが一番なんでしょうけれど、このご時世、そういった方もだんだん少なくなってきていますよね。たまたま公園で知り合った人と着物の話になった時に「着付けを知りたい、自分で着物を着たい」と言うので、教えに通ったこともありまして、その人には着物を3枚ほど差し上げました。

それでもまだ残っているので、これからゆっくりと、といってもそんなに時間があるかわかりませんが、引き取ってくださる方を探していこうと思っています。

終活とは、実はこういう些細なことに時間を取られてしまうものなのでしょう。着物なんて思い入れがあるから手離れがよけい悪いんですよね。でもこうやって身辺整理しながら、時間をかけて心の整理をしていくものなのかもしれません。

第8章

毎日をハッピーに過ごすためのコツ

苦手な人には近づきません

誰だって苦手な人はいるでしょう？　私が思うそういう人に対して、ここでもやっぱり無理はしません。

この年になると、少ししゃべっただけでわかるんです。「嚙《か》み合わないな」「ああ、ちょっと違うな」と。だからそういう人には自分からは近づきません。もちろん無視をするといった、無粋なことはしませんよ。でも一定の距離を保って、深入りしないようには気をつけます。「嫌われたくないから」と無理やり一緒にいても疲れてしまうだけ。また、気の合わない人と会うと、離れたあともなんだかどんよりしてしまいますから。

それに、私が心から楽しんでいなかったら、きっと一緒にいる相手もやっぱり楽しくないんじゃないかなと思うんです。それは結果として、相手に対してとても失礼なこと。また、そんなことでお互い残り少ない人生の一日を無駄にしたくないですもんね。

コロナ禍は制限も多くて本当に大変でしたが、唯一、これをきっかけに人間関係を整理することができたということだけは、良かったのかもしれません。自然と人と距離ができたので、改めて、自分にとっての快適な距離感を保てるようになった気がするのです。

自分の気持ちに誠実に。これは年齢に関係なく、とても大切なことだと思っています。

大好きな家族の写真は家のいたるところに飾っています。大切な思い出とともにいつでも家族が心の中にいます。

娘からはいつも「テーブルではなく、ちゃんと鏡台で化粧をしなさい」と言われています（笑）。ここにもお気に入りの写真を飾って。

和室のコーナーにもランプと家族の写真を飾って。今ではすっかり大きくなった孫の幼い頃の写真はやはりいつ見ても可愛いものです。

いざという時のケアは
万全にして、くよくよ考えない

いくつくらいの時だったでしょうか。「私、ひとりぼっちでどうしよう？ 私の老後はどうなってしまうんだろう」と思っていたことがあります。まだツイッターもやっておらず、麻雀も太極拳もやっていない、たったひとりで石神井公園を歩いていた頃です。

でも、少しずつ友達づきあいができてきて、そういった不安も徐々に薄れてきました。

私が今、一番不安なのは、ここで急に倒れてどうにもならなくなった場合ですね。いわゆる孤独死。ひとり暮らしだとどうしてもその心配はついてまわります。

「もし私が家で倒れて、そのまま誰にも気づかれなかったら……」なんて、ついくよくよと考えてしまいそうになることもありますが、もうね、そういう考えても仕方がないことには、開き直ることにしました。

今は、「死んじゃったら死んじゃったで、きっと誰かがどうにかしてくれるわよ」くらいに考えておくようにしています（笑）。

まあ、毎日太極拳に通っていますし、もし私が3日連絡なく休んだら、きっと誰かが「おかしいぞ」って気づいてくれるのではないかと期待もしています。

だからといって、何も対策をしていないわけではありません。同じ団地の仲良くさせてもらっている方に、私は合い鍵を一つ渡しています。「私の姿が何日も見えない、電話をしても連絡がつかない、ドアをノックしても応答がない、そういう時には鍵を開けて入ってきて」と伝えてあるのです。

また、ロンドンに住んでいる娘は、私に何かあった場合には間に合わないので、鍵を預けている人と団地の部屋の両隣に住んでいる方たちの3人と、LINEでつながってもらっています。ふだんはまったく交流はないのですが、帰国した時には挨拶に行かせて、顔合わせもしています。「何かの時にはよろしくお願いします」と。

だから私に何かあった場合は、その方々は娘にLINEで知らせることができる。「○○病院に入院しているよ」とか。娘からもその方々に連絡をして、「母をちょっと見ていただけませんか」と頼むことができる。そういうふうにお願いはしています。

ガードはしっかりと。

それがひとり暮らしの鉄則

あとは、契約しているインターネット回線に付帯している、鍵の紛失や水漏れなどに対応してくれるサービスにも入っています。過去に1回か2回、そこから派遣された人が来て鍵を開けてくれたこともありました。家に入れないのは本当に困りますから、そういった事態に備えることも大事です。

年をとってミスが増えても、大丈夫なようにケアはしつつ、あとはどーんと構えている、もうこれに尽きるのではないでしょうか。

ほかにも、ひとりでも安心して暮らすために決めていることがいくつかあります。

たとえば、名乗らずに訪問された方に対して絶対にドアは開けません。面倒そうなセールスが来たら、「ごめんなさい、年寄りだからわからなくて。結構です」とお断わりします。ここでもドアは開けません。宅急便が来たら、ドアを開ける前に必ず送り主の名前を聞くようにしています。

小さなことですが、何があるかわかりませんから。自分の身は自分で守る、これはもう鉄則ですね。

そして、年をとったら絶対に携帯電話は必要だと思います。難しい機能はいらないので、ガラケーでもいいから、どこにいても連絡が取れるようになっているということ。これは最も大事だと思っています。

できるだけのことを準備していて、それでも倒れちゃった時は……、これはもう仕方がないわね、と諦めもつくというものです。

終わり良ければ、すべて良し

これでも若い時には相当苦労してきました。昼も夜も働いて、ヘトヘトだった時期もあります。それでもね、どんなに辛くても、そういう苦労を顔に出さないようにだけは気をつけていました。「あの人、シングルマザーだからイライラしている」なんて思われたくないですもんね。逆に平気な顔をして穏やかでいれば、「余裕があっていいわね」となる。そしてそう振る舞うことは、それほど難しいことではありませんでした。

ちょっと気を遣えばできることで、そうすると不思議と気持ちもスッキリしたものです。どんな問題も、そのうち「なんだ、全然大したことないじゃない」と自然に思えるようになるのです。

これは私の根本にずっとある部分なんだと思います。昔から何に対しても「ケ・セラ・セラ」、なるようになると思って生きてきたところがあるのです。いいか悪いかは別として、だからストレスが溜まらず、長生きできているのかもしれません。

ツイッターでも何回かつぶやいていますが、「不平不満、愚痴ばっかり言っている人に幸せはやってこないよ」とは常日頃から思っていて、そういう人は、幸せが来ても気がつかない。幸せって要は自分の気の持ちようですから。足りないことばかり見ていたら、いつまでも満ち足りることはないですよね。

若いうちはだいたいいつも健康だから、健康なんてそこまで気にしません。だから、欲しいものが手に入ったら幸せ、好きな人ができたら幸せ。そういうものです。

年を重ねていくと、心が安定していれば幸せ。80過ぎたら健康なら幸せ。健康だから心が安定する。そうなったらイヤなことがなくなる。これが年配者の幸せループなのでしょう。

私の年になれば、もう先が見えていますからね。こうしてせっかく幸運にも生かされているのだから、最後まで思い切り楽しまなければバチが当たります。財産なんてなくても、ひとりで暮らしていても、私は今、本当に毎日楽しいんです。苦労はしましたが、今が幸せならそれで満足です。過去のことはいつか忘れてしまいますから。辛かったことも全部。「終わり良ければすべて良し」って、本当にそうだと思います。

「大崎さんからエネルギーをもらいました」なんて、最近よく言っていただくこともあります。それは最高の褒め言葉だなとありがたく思っています。本当はこちらのほうこそみなさんから元気をもらっているというのに。こんなふうに幸せな毎日を過ごせていることに感謝して、最後まで精一杯楽しみたい。そう心から思うのです。

大崎博子ツイート43選　其の五

osakihiroko
@hiroloosaki

嬉しい時も寂しい時も、行き詰まった時も、悩みがある時も、空を見上げるといいと思う！
広い世界があります❣

18:44・2021/11/23

osakihiroko
@hiroloosaki

私って性格が悪いのかしら？って
悩んでる人いませんか？
大丈夫です！
本当に悪かったら
そんな事で、悩みません。

12:15・2021/07/16

osakihiroko
@hiroloosaki

価値観の違う人と喋っていると、楽しくない、よりも気分が良くない。
そう言う人とは自然に離れた方が身のため！

16:37・2022/01/03

osakihiroko
@hiroloosaki

幸せの秘訣は
自分に正直に生きる事！

15:44・2021/08/26

osakihiroko
@hiroloosaki

あのね、
歳をとっているのに、
何でも欲しがる人がいます。
そういう人は好きになれません。
あの世に持っていけないよ〜〜

19:37・2019/03/23

osakihiroko
@hiroloosaki

歳を重ねたら
風邪ひくな！
転ぶな！
義理はかけ！

14:03・2021/04/03

osakihiroko
@hiroloosaki

過去にこだわるな！
大事なのは今です♥
今を大切にしましょう！

19:58・2021/11/25

おわりに

2021年の11月に無事89歳を迎えることができました。

あいかわらず1日8000歩歩き、ツイッターでつぶやき、太極拳を舞い、週に1回健康麻雀をやっています。喜愛《きあい》でいい日を過ごしています。

ときどき、近所のダンス教室から「1、2、3……」とカウントが聞こえてくると、「やってみようかな」なんて思ったり、お年寄りの卓球ブームに乗っかってみようかな、と思ったり。この年になっても、まだまだやりたいことがたくさんあるから困ってしまいます（笑）。できるだけ寝たきりにはなりたくないから、骨折だけは気をつけて、好奇心の赴くままに自由に余生を送れたら素敵だなと思う、今日この頃です。

ツイッターではありがたいことに、あらゆる年代の方から毎日たくさんのメッセージをいただいています。

そのなかに「どうしてそんなに元気なのですか？」「元気でいる秘訣はなんですか？」といった内容が多く見受けられます。

この本を作っていく過程で、その答えを私なりに考えてみました。

毎日８０００歩歩いていることと太極拳は、健康を維持するという意味でとても大きいと思います。やはり歩くことと運動は、健康の基本ですから。

若い人たち（といっても、年上の方と出会うことのほうが難しいですが……笑）との交流を持つことも大切だと思います。麻雀や韓国ドラマ、ＢＴＳといった脳の活性化もしかり。

ロンドンで暮らす娘とは毎日ＬＩＮＥ電話で話しているから寂しさは少なく、逆に距離がとても離れるため、家族間の煩わしさやストレスが一切ないというのも大きいでしょうね。

「老いては子に従え」の言葉どおり、私は基本的に娘の言うことには耳をきちんと傾けようと心がけていますが、そう素直に思えるのもこの距離感が一役買っているのかもしれません。

でも一番大事なのは、「何事においても限界を決めないこと」ではないでしょうか。

「もう年だからできない」、この一言をいったん頭のなかから追い出して、気になったらまずは扉をノックしてみる。そうすればその扉は開きます。挑戦してみて、たとえ無理だったとしても、別の扉が開く可能性も高くなります。〝友達ができる〟というような副産物もたくさんおまけのように付いてきます。損することは何もありません。

そしてもう一つ、老婆心ながら申し上げますと、「全部ひっくるめて楽しむ」、これに尽きると思うのです。

私は89歳でひとり暮らしです。ひとり娘は遠く離れたロンドンにいます。この状況に対して、「さみしくないかしら」と心配される方がほとんどでしょう。でも、強がりいっさいなしで、私はこの暮らしを心から楽しんでいます。

〝楽しむ〟ことにお金はかかりません、人に迷惑もかけません。ただ自分の心の持ちようです。なんてお手軽なんでしょう！

「ウオーキングしなくちゃ」といやいや家を出て、猫背でとぼとぼ歩くのと、「今日はどんな花が咲いているかしら」と浮き浮きした気分で歩くのと、1年後にはどれほどの差が出ていると思いますか？

この〝楽しむ〟の積み重ねこそが、若さと元気をキープする秘訣だと思うのです。

ツイッターに出会い、私の人生は激変しました。

1日8000歩歩いて、健康と友達を手に入れました。

どちらもしぶしぶ続けてきたのではなく、楽しんできた結果です。

もし今、下を向いているのなら、ちょっとだけ顔を上げてみてください。美しい空が目に入るでしょう。

平凡なおばあさんがつぶやくツイッターに「いいね！」をくださるフォロワーのみなさん、いつもありがとうございます。今の私がいるのはみなさんのおかげです。この場を借りてお礼申し上げます。

そしていつも支えてくれている家族に、心からの感謝を込めて。

大崎博子

大崎博子（おおさき・ひろこ）

1932（昭和7）年、茨城県生まれ。2021年11月に89歳を迎えた。

機械オンチだったが、78歳の時に娘の勧めでパソコンに出会い、やがてスマホを使いこなすように。

2011年3月からツイッターを始めると、戦争体験者ならではの思いや等身大の日々のツイートが共感を呼び、若者から同年代の人々まで幅広い支持を集める。

2023年11月現在、Xのフォロワー数は20万人超。

Twitter：@hiroloosaki

宝島社
文庫

89歳、ひとり暮らし。
お金がなくても幸せな日々の作りかた

(89さい、ひとりぐらし。おかねがなくてもしあわせなひびのつくりかた)

2024年1月1日　第1刷発行

著　者　大崎博子
発行人　蓮見清一
発行所　株式会社 宝島社
〒102-8388　東京都千代田区一番町25番地
電話:営業 03(3234)4621／編集 03(3239)0927
https://tkj.jp
印刷・製本　株式会社広済堂ネクスト

First published 2022 by Takarajimasha, Inc.
ISBN 978-4-299-05043-4